Descubre lo mejor de ti con afirmaciones positivas diarias

Potencia tu autoestima, ama tu vida y haz de cada día especial con afirmaciones diarias motivacionales y reconfortantes

Tabla De Contenido

INTRODUCCIÓN 5

CAPÍTULO UNO AFIRMACIONES POSITIVAS DIARIAS PARA COMENZAR EL DÍA 7

CAPÍTULO DOS AFIRMACIONES POSITIVAS PARA EL AMOR 18

CAPÍTULO TRES AFIRMACIONES POSITIVAS PARA LA SALUD 28

CAPÍTULO CUATRO AFIRMACIONES POSITIVAS PARA LAS FINANZAS 37

CAPÍTULO CINCO AFIRMACIONES POSITIVAS PARA LOS NEGOCIOS 45

CAPITULO SEIS AFIRMACIONES POSITIVAS PARA TENER CONFIANZA 55

CAPÍTULO SIETE AFIRMACIONES POSITIVAS PARA LA PAZ MENTAL 64

CAPÍTULO OCHO AFIRMACIONES POSITIVAS PARA LA ESPIRITUALIDAD 73

CAPÍTULO NUEVE AFIRMACIONES POSITIVAS PARA PROFESIONALES 83

CAPÍTULO DIEZ AFIRMACIONES POSITIVAS PARA LA CREATIVIDAD 95

CAPÍTULO ONCE AFIRMACIONES POSITIVAS PARA MUJERES 103

CAPÍTULO DOCE AFIRMACIONES POSITIVAS PARA HOMBRES 113

CAPÍTULO TRECE AFIRMACIONES POSITIVAS PARA ADOLESCENTES 123

CAPÍTULO CATORCE AFIRMACIONES POSITIVAS PARA EL EMBARAZO 132

CAPÍTULO QUINCE AFIRMACIONES POSITIVAS PARA MOMENTOS DIFÍCILES 142

CAPÍTULO DIECISÉIS AFIRMACIONES POSITIVAS PARA PERDER PESO 151

CAPÍTULO DIECISIETE AFIRMACIONES POSITIVAS PARA MANIFESTAR DESEOS 162

CAPÍTULO DIECIOCHO AFIRMACIONES POSITIVAS PARA REFLEXIONAR 171

CAPÍTULO DIECINUEVE AFIRMACIONES POSITIVAS PARA CUMPLEAÑOS 180

CAPÍTULO VEINTE AFIRMACIONES POSITIVAS PARA VIAJEROS 189

CAPÍTULO VEINTIUNO AFIRMACIONES POSITIVAS SOBRE LAS EMOCIONES 195

INTRODUCCIÓN

Hay un dicho general en la vida; eres lo que comes. Si la vida me ha enseñado algo, es el humilde conocimiento de que somos una suma total de nuestras experiencias y nuestras experiencias están determinadas por las palabras que decimos. Para muchas será difícil aceptar esta simple verdad y esto es porque la mayoría de las personas caen dentro de dos espectros; aquellos que se han resignado a las determinaciones del destino y aquellos que luchan diariamente por controlar su destino.

El primer grupo de personas creen que el Universo es totalmente responsable por cualquier cosa por la que pasamos en la vida y si cuestionas su lógica, tienen esta creencia de que el Universo es un ser de poder y fortaleza con poca o ninguna preocupación por la humanidad. Este ser solo hace lo que lo complace a él o a ella y actúa impulsivamente para satisfacer su capricho. Es por esta razón que una persona que nace en una vida de sufrimiento, se esforzará para llegar a la cima y justo en el momento en el que esté a punto de cosechar las recompensas de su trabajo, su vida se ve interrumpida por un hecho fortuito como una roca cayendo del cielo o una enfermedad inesperada. Del mismo modo, tienes una persona que ha nacido con un estilo de vida completamente lujoso y no tiene que esforzarse ni un solo día por el resto de su vida. Los contrastes entre estas dos personalidades y la injusticia de todo esto es lo que el primer grupo de personas utiliza para referirse a un ser sobrenatural que a veces es llamado Universo.

El segundo grupo de personas tiene un control firme de su destino y se niegan a ceder el control a cualquier persona o cosa… humana o sobrenatural. Sus vidas son un orden consecutivo de eventos manejados hasta el punto de obsesionarse con el tiempo. La vida pasa para ellos, pero van a hacer todo lo que esté en su poder para asegurar que la vida suceda de la manera en que ellos quieren. A veces las cosas no salen exactamente de acuerdo a su plan. Esto puede ser extremadamente frustrante para ellos y, si no se toman las precauciones necesarias, puede causar un profundo colapso psicológico. Cuando eso no sucede, se encierran y atacan la vida con el mismo vigor tenaz que caracteriza todo lo que hacen. El problema con ellos es que todo lo que no encaja en su plan es desechado rápidamente o puesto a un lado. Sus experiencias se limitan a sus planes.

Se supone que la vida es para vivirla con posibilidades ilimitadas. No puedes controlar lo que te sucede, pero sí puedes controlar cómo percibes las experiencias que has tenido. De hecho, puedes ir un poco más allá para redefinir cómo marcarán tu vida esas experiencias. La mejor parte de esto es que no tienes que apelar a ningún ser supremo ni pedirle permiso a nadie para vivir tu vida al máximo. Al pronunciar palabras positivas, atraes experiencias positivas a tu vida e incluso cuando ocurre una tragedia (porque así es la vida) tus palabras pueden moldear exactamente la forma en que esa tragedia te afectará. Puede moldearte o romperte. Esta es una elección subconsciente que debes hacer todos los días y sin darnos cuenta, tomamos esta decisión con las palabras que decimos. En este libro encontrarás palabras positivas de afirmaciones que pueden ser adaptadas para cada situación.

En cada momento de tu vida, en cada estación del año, llena tu boca con palabras que te eleven y te entreguen experiencias que hacen que valga la pena vivir la vida.

¡Inspirate para vivir mejor cada día!

CAPÍTULO UNO

AFIRMACIONES POSITIVAS DIARIAS PARA COMENZAR EL DÍA

1. Hoy va a ser un día maravilloso.
2. Abro mi corazón, mi mente y mi cuerpo a experiencias increíbles.
3. El día de hoy es mejor que ayer.
4. Estoy mejorando cada día y en todos los sentidos.
5. Hoy estoy abundantemente alegre y feliz.
6. Estoy lleno de gratitud por mi vida esta mañana.
7. Encuentro belleza y alegría en todas las cosas que hago hoy.
8. Estoy despejado, intacto e ileso por todas las experiencias negativas de ayer.
9. Mi vida es una alegría hoy. Me relajo fácilmente y me abro a sorpresas encantadoras.
10. Me permito vivir una vida alegre y llena de amor, diversión y amistad.
11. Ahora mismo elijo el amor, la alegría y la libertad.
12. Abro mi corazón y permito que los regalos maravillosos de la vida fluyan en mí.
13. Todo en mi vida es exactamente como debería ser.
14. Como la gloria florece en la mañana, mi vida está floreciendo a la perfección.
15. Hoy irradio bondad amorosa y la vida me lo devuelve.
16. Como el sol de la mañana, estoy lleno de energía vital positiva.
17. Experimento una libertad plena de las cargas de mi pasado.
18. Me niego a vivir este hermoso día como una víctima.

19. Las experiencias de ayer han perdido su control sobre mí.
20. Hoy vivo en la consciencia de quién soy en este momento.
21. Me perdono por los errores de ayer y me libero de la culpa.
22. Estoy abundantemente bendecido con tesoros y regalos que reconfortan mi corazón.
23. Uso mis dones y bendiciones con amor cuando tengo influencia sobre otros.
24. Lleno mi corazón de pensamientos positivos que amplifican mi entusiasmo por la vida.
25. Hoy abrazo la sabiduría, el conocimiento y la comprensión.
26. Soy un ser poderoso y disfruto saber quien soy.
27. Resisto y excluyo cualquier fuerza negativa que busque disminuir mi luz.
28. Así como el mundo despierta con el brillo del sol, acuden las personas a mi ascenso.
29. Las relaciones que necesito para prosperar me van a encontrar hoy.
30. Acepto el amor y el romance en mi vida.
31. Siento mi centro con luz y amor.
32. Mi vida está abierta a personas que reflejen el mismo grado de luz y amor.
33. Estoy rodeado de relaciones amorosas y de apoyo.
34. Merezco amor y lo recibo en abundancia.
35. Soy amado, cariñoso y amable.
36. Estoy construyendo y nutriendo relaciones saludables con mi familia y amigos.
37. Estoy bendecido con una familia increíble y amigos maravillosos.
38. Doy amor y regresa a mí multiplicado.
39. Hoy van a suceder cosas buenas.
40. No importa lo que pase hoy, el resultado final será la alegría.
41. Estoy lleno de amor, esperanza y confianza sobre mi futuro.
42. Saludo cada segundo del día de hoy con entusiasmo y esperanza.

43. Estoy atento a las oportunidades que se presenten en este día.
44. Si desfallezco, tengo recordatorios positivos de que mi vida está llena de alegría y amor.
45. No vivo con el miedo de cometer errores.
46. Hay un elemento mágico para mí y mi vida está llena de hallazgos fortuitos.
47. Mis pensamientos y sentimientos son nutritivos positivamente.
48. Estoy presente y consciente de cada momento hermoso.
49. Veo belleza en cada persona que conozco.
50. Las personas me tratan con amabilidad y respeto, y yo los trato de la misma manera.
51. Estoy rodeado de personas pacíficas.
52. Les daré paz a las personas que se encuentren conmigo hoy.
53. Mi ambiente es tranquilo y reconfortante.
54. Soy el arquitecto de mi vida. Soy el creador de mi realidad.
55. Hoy me envuelvo en la autoaceptación.
56. Escojo creer que soy apoyado y amado por el Universo.
57. Estoy rodeado de abundancia.
58. Estoy sano, enérgico y optimista.
59. Estoy rebosante de felicidad, alegría y satisfacción.
60. Trasciendo toda forma de negatividad.
61. Proclamo que puedo y que alcanzaré la grandeza el día de hoy.
62. Sé que todo sucede por una razón; todo conduce a algo positivo.
63. Dejo ir cualquier rencor que guardo contra mí mismo u otra persona.
64. Estoy perdonando. Mi compasión reemplaza la ira con amor.
65. Estoy en paz con mi pasado.
66. Tomo la decisión de reflejar amor, felicidad, gracia y positividad.
67. Soy paciente, diplomático y tolerante.
68. Estoy agradecido por los milagros en mi vida.

69. Sin emportar lo que pase, el universo me apoya de todas las maneras posibles.
70. Las experiencias de mi vida hoy me ayudan a crecer.
71. Hoy siento las bases para un futuro maravilloso.
72. Estoy sembrando semillas con dividendos fructíferos.
73. Estoy a salvo y protegido por la divinidad en todos mis imprevistos.
74. El peligro y el daño no aparecen en mi día.
75. Todos los recursos que necesito para prosperar están a mi disposición.
76. Todo lo que busco se puede ecnontrar en mi interior.
77. Me libero de la ansiedad y los miedos del futuro.
78. Soy importante. Contribuyo al avance de la humanidad.
79. Mis huellas en las arenas del tiempo están más profundas el día de hoy.
80. Este día no me traerá más que alegría, realización y felicidad absolutas.
81. Tengo todo lo que hace falta para que este día sea relevante y memorable.
82. Enfrento cualquier dificultad en este día con coraje y resistencia.
83. Estoy emocionado por ser testigo de los mejores años de mi vida.
84. Estoy entusiasmado por los viajes increíbles que voy a hacer hoy.
85. Estoy preparado mental y emocionalmente para los desafíos del día.
86. Hoy me lleno de energía positiva.
87. Estoy tranquilo y paciente frente a cualquier crisis de hoy.
88. Estoy lleno de confianza y positividad ante la idea de afrontar el día de hoy.
89. Las bendiciones de este nuevo día me dan energía.
90. La mañana de hoy tomo la decisión consciente de ser feliz.
91. El potencial en mi día no está perdido para mí.

92. Hoy es una bendición y un regalo que no desperdiciaré.
93. Confío en mi sabiduría interior para que me guíe a lo largo del día.
94. Hoy evito la inseguridad en mí al no compararme con los demás.
95. Estoy lleno de potencial y hoy lo reconozco.
96. Recibo a las personas que conozca hoy con un corazón abierto y una mente abierta.
97. No me compararé con los demás.
98. Hoy me siento saludable y fuerte, física, emocional y mentalmente.
99. Hoy lograré cosas más grandes que ayer.
100. Hoy triunfo en mis negocios.

AFIRMACIONES FACTIBLES PARA TU DÍA

1. La felicidad es mi derecho de nacimiento. Esta mañana estoy usando la felicidad como mi ajuste predeterminado.
2. Me libero de la avaricia y elijo sentir alegría y satisfacción en este preciso momento.
3. No estoy triste ni deprimido, sino que me siento feliz y entusiasmado con la vida.
4. Hoy puedo aprovechar una fuente de felicidad interna y seré optimista.
5. Inspiro a otros a ser felices también permitiéndome ser feliz.
6. Me divierto con todos mis esfuerzos, incluso la actividad más mundana me trae alegría.
7. Miro al mundo a mi alrededor y no puedo evitar sonreír y sentir alegría.
8. Encuentro alegría y placer en las cosas más simples de la vida.
9. Mi sentido del humor es active y me encanta compartirlo para hacer reír a los demás.

10. Mi corazón está rebosante de alegría, nada amenaza mi alegría hoy.
11. La vida está sucediendo en este momento y elijo vivir en la consciencia de esto.
12. Hoy no desfalleceré porque confío en mí mismo y sé que mi sabiduría interior es mi mejor guía.
13. Mi nombre tiene valor porque tengo integridad. Soy totalmente confiable. Hago lo que digo.
14. Hoy dejo a un lado todos los pensamientos irracionales. Actúo desde la seguridad personal.
15. Hoy no me conformaré con menos porque me acepto plenamente y sé que soy digno de grandes cosas en la vida.
16. No me sumiré en una mala opinión de mí mismo. Audazmente elijo estar orgulloso de mí mismo.
17. No tengo miedo de lo que trae el día de hoy porque estoy dispuesto a aceptar y a abrazar todas las experiencias, incluso las desagradables.
18. Elimino cualquier nube oscura que cuelgue sobre mí y lleno mi mente con pensamientos positivos y nutritivos.
19. Al final de día de hoy descansaré feliz cuando me vaya a dormir, sabiendo con todo mi ser que todo está bien en mi mundo.
20. Elijo utilizar mejor mi tiempo evaluándome a mí mismo y mis acciones en lugar de juzgar los hechos o fechorías u otras personas en mi vida.
21. Hoy voy a tomar decisiones valientes sin sentir miedo. Decisiones que reflejan la belleza y la luz que reside dentro de mí.
22. Esta mañana aprovecho la oportunidad de ser mejor de lo que fui ayer. Hoy estoy tomando sólo las mejores decisiones para mi vida.
23. Escojo mantener una actitud positiva hoy a pesar de cualquier obstáculo que se me presente en el camino porque sé que tengo lo necesario para tener éxito.

24. En este momento estoy exactamente donde necesito estar en la vida. Le doy la bienvenida a los desafíos y las oportunidades a los que me enfrento hoy, y elijo aprender y crecer.
25. Para cosechar un mejor mañana, hoy sólo siembro semillas positivas en el mundo. No pierdo ni un momento precioso en ira, odio o envidia.
26. No estoy viviendo mi vida pasivamente sin ningún propósito. Estoy en la tierra por una razón, y estoy comprometido a vivir una vida positiva y ser una influencia positiva para los demás.
27. Hoy elijo tomar la responsabilidad de mi propia felicidad. No permito que nadie más tenga el poder sobre cómo me siento porque yo tengo el control.
28. Veo mi verdadera naturaleza. Soy hermoso y me veo y me siento radiante por dentro y por fuera.
29. Reconozco el talento que tengo y, sabiendo que tengo tanto que ofrecer al mundo, me niego a ser mediocre.
30. Hoy me niego a desperdiciar mi talento. Soy una persona de excelencia, por lo tanto, doy mi 100% en todo lo que hago.
31. Mantengo la energía revitalizante hoy en día, por lo tanto, no me involucraré en actividades que me agoten emocionalmente como los chismes, el acoso, etcétera.
32. Tengo una mentalidad ganadora, así que aunque falle en algo hoy, elijo no ser definido por ello.
33. Mi camino a la vida que deseo es manifestado y no tengo que herir o dañar a nadie para llegar a mi destino.
34. Mi visión para mi vida hoy es tan clara como el sol, hoy no voy a tropezar en la oscuridad para lograr mis metas.
35. Confío en las disposiciones disponibles del universo, por lo tanto, no vivo con miedo por la seguridad de mi vida, de mi familia y de mis propiedades.
36. Hoy tomo decisiones iluminadas sobre mi vida y ya no temo por las consecuencias de mis acciones porque estoy sembrando las semillas correctas.

37. Las palabras que digo hoy están llenas de gracia y son agradables de escuchar, de modo que incluso en la ira, mis palabras permanecen agradables y enriquecedoras.
38. Tan claros como las nubes en un día soleado, así son mis pensamientos. No estoy confundido ni tengo una doble opinión sobre las decisiones que tomo.
39. Esta luz encendida brillantemente en mi interior no será escondida para el mundo. Elijo brillar para que el mundo lo vea.
40. Me amo a mí mismo y me gusto a mí mismo. Elijo centrarme en mis cualidades positivas y en cómo puedo usarlas para mejorarme a mí mismo y al mundo.
41. Estoy viviendo mi propia versión de felicidad hoy. Mi alegría viene de dentro y no tiene nada que ver con nadie más. Me alegro por todos los que están contentos y otras personas están contentas por mí.
42. Acepto que no soy perfecto. Y si hago algo mal, regresaré y encontraré otro camino. Creare un nuevo curso de acción. No me detendré.
43. Hoy estoy listo para comprometerme con la vida con la que sueño, y el mundo trabaja conmigo para ayudarme a alcanzar mi visión.
44. Hoy doy el primero de muchos pasos hacia el logro de mis objetivos y el resto viene naturalmente.
45. Hoy elijo usar el tiempo que tengo de una manera que esté en línea con mis valores y metas en lugar de quejarme por no tener suficiente tiempo.
46. Me niego a estar inactivo en este maravilloso día. Estoy haciendo un esfuerzo para sacar lo major de cada momento que reciba el día de hoy.
47. Confío en mi propia sabiduría e intuición para que me guíe en mis esfuerzos productivos. Sé lo que es mejor para mí y me rodeo de personas que quieren lo mejor para mí.

48. En este día de bendiciones y abundancia, me niego a creer que mis opciones son limitadas. Las oportunidades que se me presentan son ilimitadas.
49. Hoy estoy listo para crear más éxito en mi vida y me niego a dar excusas que me retrasen. Soy productivo y estoy enfocado en lograr resultados.
50. Hoy estoy elevado a alturas mayores.

AFIRMACIONES PARA TENER ÉXITO EN EL DÍA

51. Hoy estoy preparando mi mente para la grandeza.
52. La luz del sol toca cada área de mi vida que ha estado experimentando oscuridad.
53. Siento el pulso del universo mientras me expongo al día de hoy.
54. Vibro con energía positiva para la grandeza.
55. Hoy no tengo una mentalidad de fracaso. Tengo bendiciones y lecciones.
56. Hoy los vientos y la atmósfera son favorables para mí.
57. Estoy vivo a la bondad de este día.
58. Me conecto con la fuente de felicidad para superar este día.
59. No me veré obstaculizado por los fracasos de los demás.
60. Doy la bienvenida a las bendiciones en lugares inesperados.
61. Estoy revitalizado desde adentro para el día siguiente.
62. Mi camino ha sido creado para mí, así que navego a través del día sin esfuerzo.
63. Soy ingenioso.
64. Soy determinado.
65. Lo estoy logrando sin ninguna restricción.
66. Estoy rompiendo techos de cristal sin miedo ni vacilación.
67. Hoy estoy logrando algo grande.
68. He consagrado esta mañana como el punto de nacimiento de mi gloria.

69. La vida es mucho más fácil para mí hoy.
70. Hoy me niego a ser invisible. Mis sentimientos y esfuerzos son reconocidos.
71. Hoy es el día en que seré celebrado por mis compañeros.
72. Hoy hay una restauración de relaciones rotas hoy.
73. Sé decir y hacer lo correcto en cualquier momento.
74. Hoy me entrego a una experiencia alegre que me eleva.
75. Las semillas que traen la permanencia de la felicidad en mi vida serán plantan hoy.
76. Así como la noche se transforma en día, yo me transformo radicalmente en grandeza.
77. Me niego a pensar en las cosas que me faltan o que no tengo.
78. Hoy mi alegría no tiene límites.
79. Mientras digo estas palabras de afirmación, siento la luz irradiando a través de todo mi ser.
80. Estoy realmente encantado con los cambios que se avecinan hoy.
81. Declaro orden y organización en este día.
82. No habrá caos en este día e incluso cuando el caos se presente, pondré orden en él.
83. Hoy voy a alcanzar grandes logros.
84. No tengo palabras para describir lo asombroso que el regalo de este día significa para mí.
85. El ambiente en el que vivo y conduzco todos mis asuntos es lo suficientemente propicio para que pueda prosperar.
86. Hoy me levanto de las cenizas del pasado.
87. Me hago cargo de mi día desde un lugar de bienestar y sabiduría.
88. Soy capaz de manejar todo lo que se me presente el día de hoy.
89. No vacilo bajo el peso de los acontecimientos del día de hoy.
90. Recuerdo la grandeza constantemente en diferentes puntos a lo largo del día de hoy.

91. Hoy experimento la libertad de crear mi realidad ideal para el futuro que deseo. Tengo una opción en cada situación que enfrento. No hay nada que pueda interponerse entre la major version de mí y yo.

CAPÍTULO DOS

AFIRMACIONES POSITIVAS PARA EL AMOR

1. Siento amor puro dentro de mí – y alrededor de mí.
2. Abrazo las bendiciones de amor y romance en mi vida.
3. La relación en la que estoy es amorosa y de apoyo.
4. Estoy hecho de amor y lo obtengo en abundancia.
5. Soy verdaderamente amado, muy amoroso y 100% querible.
6. He sido bendecido con una increíble familia y maravillosos amigos.
7. Doy amor genuino y el universo me lo devuelve multiplicado en muchas formas.
8. Estoy irradiando amor constantemente y otra persona refleja ese amor hacia mí.
9. Me amo a mí mismo lo suficiente para reconocer amor sano cuando lo recibo.
10. Mi relación romántica es sana, duradera y llena de amor.
11. Mi pareja es amable, compasiva y comprensiva en nuestra relación.
12. Mi pareja está física, emocional y sexual y espiritualmente atraída hacia mí.
13. Estoy con mi pareja ideal y compartimos una vida llena de amor.
14. Mi vida está llena de amor y lo encuentro a donde sea que voy.

15. Mi relación tiene raíces de amor, y mi pareja y yo somos perfectamente afines.
16. Hay un profundo entendimiento entre mi pareja y yo.
17. El perdón y la compasión son la base de mi relación romántica.
18. Mis palabras hacia otros son siempre amables y amorosas, y a cambio, escucho amabilidad y amor de los demás.
19. Cada día de mi vida está lleno con amor genuino.
20. Todas las formas de comunicación entre mi pareja y yo son establecidas en amor.
21. Sé que soy increíble, y digno de amor verdadero.
22. Mi personalidad atrae a la persona indicada para mí.
23. Sé que enfrento cada día con el apoyo y amor de mi pareja y las personas que me aman.
24. Todas mis relaciones son nutritivas y saludables porque están basadas en amor y compasión.
25. Atraigo amor y luz a mi vida porque soy un modelo de amor y compasión.
26. Tengo una personalidad vibrante, y todos ven cuanta alegría y amor tengo por la vida.
27. Experimento positividad en todas mis relaciones, pues están llenas de amor y compasión.
28. Veo lo bueno en otras personas y reconozco sus esfuerzos para ser los mejores.
29. Siempre encuentro oportunidades para ser amable y atento en cada chance.
30. Estoy genuinamente enamorado de mí mismo y me siento genial conmigo.
31. Me acepto a mí mismo y el amor que tengo por mí es incondicional.
32. Mi corazón siempre está abierto a forjar nuevas relaciones. Soy amable con cada persona que conozco.
33. Me rodeo a mí mismo de amor, así que atraigo a personas amables.

34. Amo a las personas incondicionalmente y lo hago sin dudarlo.
35. Yo habito en el amor. Hago buenas acciones y mis esfuerzos son apreciados por los que me rodean.
36. El amor me acompaña a donde sea que voy.
37. El amor, el perdón y la comprensión son la verdadera base de mis relaciones.
38. Tengo la capacidad de dar y recibir amor por igual.
39. Acepto a mi pareja de manera íntegra e incondicionalmente.
40. Me atesoran por lo que realmente soy en mis relaciones.
41. Mi matrimonio/relación se hace más fuerte, más profunda y más amorosa cada día.
42. Mis amistades son significativas, de apoyo y gratificantes para mí y las personas implicadas.
43. Mis amigos me conocen y me aman por lo que soy.
44. Acepto a los demás y esto me ayuda a establecer amistades duraderas.
45. Atraigo a personas positivas con quienes forjo lazos de por vida rápidamente.
46. Me rodeo de amigos que se preocupan genuinamente por mi bienestar y me tratan bien.
47. Mi pareja y yo compartimos un amor profundo y poderoso el uno por el otro que nos mantiene conectados.
48. Confío, respeto y admiro completamente a mi pareja y veo lo mejor en él/ella.
49. Amo a mi pareja exactamente como es y disfruto sus cualidades únicas sin condiciones.
50. Mi pareja y yo compartimos intimidad emocional diariamente a través de actividades que ambos disfrutamos.
51. Tengo límites saludables con mi pareja, y estos son respetados.
52. Mi pareja y yo nos divertimos juntos y encontramos nuevas formas de disfrutar nuestro tiempo juntos.
53. Mi pareja y yo nos comunicamos abiertamente y resolvemos los conflictos en paz y respetuosamente.

54. Soy la versión más auténtica de mí mismo en mi relación amorosa.
55. Soy capaz comunicar mis deseos y necesidades claramente y compartirlas con mi pareja.
56. Quiero lo mejor para mi pareja y mis acciones reflejan mi deseo por mi pareja.
57. Fácilmente encuentro la forma de apoyar a mi pareja para que logre sus objetivos.
58. Estoy basado en amor y empatía.
59. Soy digno de amor y confianza en mis relaciones y amistades.
60. Nutro activamente relaciones saludables con las personas que amo.
61. Traigo alegría a quienes me rodean.
62. Estoy agradecido por todos los que me aman y les importo.
63. Mis amistades son importantes para mí.
64. Mi amor y mi lealtad no son cuestionados en ningún momento.
65. Sé lo importante que es simplemente escuchar a los demás.
66. Mis amigos me aman y respetan.
67. Mis relaciones me dan alegría.
68. Tengo una fuente de amor interior que uso continuamente.
69. Mi tanque de amor es constantemente recargado.
70. El amor no es un concepto extraño para mí.
71. He aprendido a hablar el lenguaje del amor de mi pareja fluidamente.
72. No estoy desconcertado por acciones o inacciones de otros en mi relación.
73. El amor que doy no depende de ninguna fuente externa.
74. Tengo la habilidad de reconocer el amor genuino.
75. No amo a las personas hasta el punto de obsesionarme.
76. Mi pareja no se siente enjaulada por el amor que le muestro.
77. El amor que doy es fuerte y saludable.
78. Soy capaz de amar a las personas más allá de sus defectos y sus errores.

79. Las experiencias amorosas negativas de mi pasado no definen mis relaciones presentes.
80. Mi corazón es lo suficientemente grande para abrazar a la gente de mi círculo y más allá.
81. Soy compasivo y generoso en la forma en que amo.
82. Reconozco el valor de las personas en mi amor.
83. Me abro a mí mismo para comunicarme eficazmente en mis relaciones.
84. No excluyo a mi pareja o a las personas a quienes genuinamente les importo.
85. Aprecio el amor que recibo, y muestro mi aprecio apropiadamente.
86. El amor que tengo no es una moneda de cambio en ninguna de mis relaciones.
87. Tengo una visión única de las necesidades de mi pareja.
88. No traiciono a mi pareja en ningún punto de nuestra relación.
89. No espero perfección por parte de mi pareja, pero la amo perfectamente.
90. El amor que doy tiene sus raíces en las cosas correctas.
91. Estoy seguro del amor de mi pareja y viceversa.
92. Me enamoro de mí mismo cada día que pasa.
93. Mi expresión de amor no está limitada por mis experiencias.
94. No tengo ninguna intención de validar el amor que siento con nadie más que conmigo.
95. Me amo lo suficiente como para dejar relaciones tóxicas.
96. Acepto las diferencias entre mi pareja y yo.
97. Mi amor por mi pareja es constantemente renovado en las relaciones de compromiso.
98. Estoy listo para poner a prueba lo que se necesita para mantener mis relaciones vivas.
99. No hablo palabras que destruyan a las personas.
100. Puedo nutrir y mi amor hace que la gente florezca.
101. Soy paciente, amable y comprensivo.

102. No hago afirmaciones de personas sin verificar la autenticidad de esa declaración.
103. Doy de mí mismo libremente sin condiciones ni expectativas.
104. Mi amor no depende de las circunstancias que me rodean.
105. Soy capaz de amar a las personas en mi vida en los buenos y malos momentos.
106. Mi relación se construye en principios compartidos que proveen una base sólida.
107. He compartido una profunda intimidad con mi pareja.
108. No guardo rencor ni cargo pecados pasados contra mi pareja.
109. Mi expectativa de amor se basa en principios tangibles.
110. Valoro la lealtad y por lo tanto, soy un amigo leal.
111. Tengo el valor de disculparme cuando he estado equivocado ante personas que me importan.
112. Perdono completamente a las personas que se han equivocado.
113. Soy discreto sobre los detalles personales que las personas me confían.
114. No traiciono la confianza de mi amigo, pareja o familia.
115. Cada día que pasa, se me presenta la oportunidad de crecer en mi relación.
116. El amor que comparto con mi pareja en el matrimonio es divino.
117. No soy solitario, tengo la habilidad de hacer buenos amigos.
118. Soy una persona apreciativa.
119. Hay suficiente espacio en mi corazón para el amor.
120. Soy desinteresado, pero eso no significa que me amo menos a mí mismo.
121. Me hago responsable a mí mismo de las relaciones que tengo.
122. En tiempos de desacuerdo, me comunico sin humillar.
123. Mi pareja y yo crecemos juntos. No nos separamos.

124. Hay espacio para crecimiento positivo en todas mis relaciones.
125. En mi matrimonio, mi pareja y yo aspiramos a cosas alcanzables.
126. Estoy muy contento en esta relación.
127. Mis relaciones se caracterizan por amor, felicidad y afecto genuino.
128. Me conmueve el dolor de mi pareja y trato activamente de detener el sufrimiento.
129. No soy vindicativo en ninguna de mis relaciones.
130. No hay secretos peligrosos entre mi pareja y yo.
131. El ambiente en mi matrimonio hace que sea fácil hablar sobre todo.
132. La felicidad de mi pareja es independiente de mí y viceversa.
133. Mi matrimonio está diseñado para el largo tiempo.
134. Mi relación es un paraíso para mí, y encuentro paz en ella.
135. Soy mental y emocionalmente fuerte para resistir las mareas y las estaciones de mi matrimonio.
136. Mi pareja es mental y emocionalmente fuerte para sobrellevar los tiempos y las estaciones de este matrimonio.
137. Me distancio de las personas tóxicas y de las relaciones tóxicas.
138. Soy confiable y progresivo en todas mis relaciones.
139. Mi amor no se limita a algunos sino que da la bienvenida a todos.
140. Mi pareja y yo envejecemos con gracia, pero nuestro amor se mantiene nuevo.
141. Mi matrimonio es todo lo que mi pareja y yo visualizábamos para nosotros mismos.
142. Soy elocuente sin ser hiriente en mi comunicación con mi pareja.
143. Mi pareja y yo estamos en la misma página emocional, financiera y espiritualmente.

144. Mi hogar es un refugio del mundo exterior lleno de paz, amor y armonía.
145. Estoy cómodo en mi relación.
146. Estoy profundamente conectado con mi pareja en las formas que importan.
147. El amor no es un concepto elusivo para mí.
148. Soy inquebrantable en la confianza que tengo sobre mi pareja.
149. Mi pareja no me da razones para cuestionar la confianza que tengo en ella.
150. Estoy completamente abierto a mi pareja. No escondo partes de mí mismo a ella.
151. Hay orden en mi relación.
152. El arrepentimiento es un concepto extraño en todas mis relaciones.
153. Trato con la pérdida de una manera saludable.
154. Si experimento una pérdida no me escondo del dolor, pero no me sobrepasa.
155. Esta unión es una unión exitosa y progresiva.
156. Me enamoro de mi pareja cada día.
157. Soy ferviente y coherente en mis afirmaciones de amor.
158. Nunca pierdo la oportunidad de decirle a mi pareja cuánto la amo.
159. Nunca pierdo la oportunidad de declarar mi afecto por las personas que amo.
160. Pertenezco completamente a mi amor como mi amor es mío.
161. Priorizo las relaciones que tengo.
162. No doy por seguras a las personas que me importa.
163. No me siento y observo a otro ser humano sufrir.
164. Muestran empatía y compasión cuando éstas son necesarias.
165. Soy confiable y en las relaciones
166. Me conmueve mostrar actos de bondad diariamente.
167. No soy discriminatorio en mis relaciones.

168. A mis amigos les resulta muy fácil confiar en mí porque saben que soy discreto.
169. Tengo respeto y amor genuino por las personas en mi vida.
170. No me siento amargado o celoso por los éxitos de mis amigos.
171. Estoy dejando ir los malos hábitos que influyen negativamente en mi amor.
172. Estoy adoptando buenos hábitos que nutren y hacen crecer mi amor.
173. Soy una bendición para las personas en mi mundo.
174. No intento impresionar a las personas con mi amor. Simplemente lo expreso.
175. Trabajo en la conciencia del amor divino que tengo en mi interior.
176. Sé instintivamente cómo amar a las personas con las que estoy en contacto.
177. Lo que hay en mi corazón para mi pareja no es algo por lo que tenga que trabajar dolorosamente.
178. El amor viene a mi vida sin esfuerzo.
179. Mi amor es como las estrellas en la noche. Incluso brilla a través de la oscuridad de la vida.
180. No soy irrazonable en el amor. Mi cabeza y mi corazón están involucrados.
181. Mi amor no discrimina, pero tampoco es ciego.
182. Todo lo bueno que se ha dicho sobre el amor es una experiencia diaria para mí.
183. Conquisto todo estereotipo negativo sobre el amor y trasciendo cualquier expectativa que no sea sana concerniente al amor.
184. Mi juego de amor propio es de primera clase. Me amo a mí mismo de las maneras más hermosas.
185. Me rodeo con el buen tipo de amor, pero siempre puedo mirar hacia adentro y encontrar el amor que necesito.
186. El tamaño de mi billetera no determina el grado de mi amor.

187. Siempre encuentro maneras creativas y positivas de expresar mi amor.
188. Siempre me sentiré amado sin importar qué.
189. Hago mi parte en hacer del mundo un lugar más amoroso y compasivo.
190. El amor que tengo por los humanos se extiende por el mundo como un todo.
191. Me importan y amo a las plantas y los animales que he sido bendecido en conocer y nutrir.
192. No soy cruel con la gente sin importar su posición o estatus.
193. Me rodeo de personas que amo, y que me importan, pero también me tomo el tiempo para nutrir mi relación conmigo mismo.

CAPÍTULO TRES

AFIRMACIONES POSITIVAS PARA LA SALUD

1. Merezco ser saludable y sentirme bien sobre mí mismo.
2. Estoy lleno de energía y vitalidad y mi mente está calmada y en paz.
3. Cada día, me vuelvo más saludable y fuerte.
4. Honro mi cuerpo al tratarme a mí mismo con comidas saludables.
5. Atiendo las necesidades de mi cuerpo; confiando en las señales que éste me envía.
6. Manifiesto perfecta salud al tomar decisiones inteligentes.
7. Me comprometo a estimulación saludable durante el día.
8. Como saludable y nutritivo durante el almuerzo y mi cuerpo está agradecido, dándome energía y buena salud a cambio.
9. Irradio éxito y salud.
10. Desarrollo hábitos saludables que apoyan mi viaje de salud.
11. Me despierto con buena salud todos los días.
12. Estoy agradecido por la eficacia y eficiencia con la que funciona mi cuerpo.
13. Acepto la forma de mi cuerpo y lo encuentro hermoso y atractivo.
14. Sólo tomo decisiones alimentarias saludables y nutritivas.
15. Cuido mi cuerpo y lo ejercito todos los días.
16. Mi cuerpo está sano y lleno de energía.
17. Mi cuerpo es una maravilla constante para mí.
18. Mi cuerpo se llena de energía curativa cada vez que inhalo.

19. Estoy impresionado por las cosas que puedo lograr con mi cuerpo.
20. Estoy muy agradecido y contento de pesar ___ (rellenar con el peso deseado).
21. Mis antojos son de alimentos saludables y nutritivos.
22. Estoy rodeado de personas motivan de forma positiva mis elecciones de salud.
23. Amo el sabor de las frutas y los vegetales.
24. Estoy enamorado de cada curva de mi cuerpo.
25. Cada órgano de mi cuerpo funciona de la forma en que fue diseñado para trabajar.
26. Estoy agradecido por la fuerza y la energía vital que recorre mi cuerpo.
27. Todo lo que pienso, digo y hago me hace más saludable.
28. Me siento seguro y cómodo en mi cuerpo.
29. No hay comida fuera de los límites para mí. Sin embargo, como con moderación.
30. Todo lo que hago es divertido, saludable y emocionante.
31. Anhelo experiencias nuevas pero saludables.
32. Como las comidas que deseo pero practico el control de las porciones.
33. Cada día me vuelvo más saludable.
34. Estoy lleno de vitalidad.
35. Cada comida que tomo es conscientemente preparada con las necesidades de mi cuerpo en mente.
36. Cuido mi cuerpo y como una dieta saludable y balanceada.
37. Mi cuerpo es un templo sagrado. Lo mantengo limpio y mantengo su funcionalidad.
38. Me ejercito regularmente y fortalezco mi cuerpo.
39. Cada célula de mi cuerpo vibra con energía y salud.
40. Observo mis emociones sin verme físicamente afectado por ellas.
41. Nutro mi cuerpo con comida saludable.
42. Todos los sistemas de mi cuerpo funcionan perfectamente.

43. Cada célula de mi cuerpo funciona para lo que fue diseñada.
44. Mi cuerpo está sanando y me siento cada día mejor.
45. Disfruto ejercitar mi cuerpo y fortalecer mis músculos.
46. Cada vez que exhalo, libero estrés fuera de mi cuerpo.
47. Me entrego a prácticas que promueven mi curación.
48. Envío amor y curación a cada órgano de mi cuerpo.
49. Respiro profundamente, me ejercito regularmente y alimento mi cuerpo con comida nutritiva
50. Presto atención y escucho lo que mi cuerpo necesita para su salud y vitalidad.
51. Duermo profundamente y en paz y me despierto sintiéndome descansado y energético.
52. Estoy rodeado de personas que alientan y apoyan mis decisiones saludables.
53. Me apruebo y me amo a mí mismo profunda y completamente.
54. Mi confianza, autoestima y sabiduría interior aumentan cada día.
55. Tengo buenos profesores de salud a mí alrededor.
56. Tengo paz mental con respecto a mi salud.
57. Mi cuerpo puede no cumplir con el estándar mundial de belleza, pero soy hermoso.
58. No me involucro en ejercicios o actividades que pongan en riesgo mi salud.
59. Mi cuerpo disfruta constantemente de los beneficios diarios para la salud.
60. Tengo los recursos que necesito para mantenerme sano y en buena forma.
61. Tengo el tipo correcto tipo de información de salud para mantenerme en el máximo desempeño.
62. El envejecimiento de mi cuerpo ocurre lentamente de modo que luzco más joven que mi edad real.
63. A pesar de mi historia genética, soy un ejemplo de salud perfecta.

64. No estoy plagado por la historia médica de aquellos que vinieron antes de mí.
65. No estaré avergonzado de tomar decisiones que no reflejen mis decisiones de salud.
66. Estoy constantemente alerta de mi cuerpo y escucho sus necesidades.
67. No tomo atajos para lograr el estilo de vida saludable que deseo.
68. Soy una visión de la salud en movimiento.
69. Estoy seguro de que siempre estoy en un estado de buena salud.
70. Disfruto de los beneficios diarios de ser saludable.
71. No estoy preocupado mi salud ya que el universo trabaja para asegurar que estoy bien.
72. Me deleito por las actividades centradas en la salud.
73. No hay falta de información vital de salud para mí.
74. Conozco intuitivamente las cosas que son buenas para mi cuerpo y tomo los pasos para seguir estas cosas.
75. Mis ojos están abiertos a los beneficios diarios que me rodean.
76. Estoy agradecido y aprecio la buena salud que tengo.
77. Estoy programado para participar en actividades que son beneficiosas para mi salud.
78. No caigo en los trucos de falsos expertos en salud.
79. Me mantengo satisfactoriamente en el camino correcto con todos mis objetivos de salud.
80. Mi vitalidad no se debilita cada día.
81. Mi corazón es lo suficientemente fuerte para apoyar las necesidades de mi cuerpo.
82. Mis pulmones toman la cantidad de aire necesario para reponer mi cuerpo.
83. Estoy revitalizado de adentro hacia afuera.
84. Cuando se trata de mi salud no sólo vivo, prospero.
85. Mi salud solo mejora y mejora.

86. Mi familia no recibiría ninguna noticia negativa sobre mi salud.
87. Soy un ejemplo de salud perfecta.
88. Mis huesos son lo suficientemente fuertes para soportar el peso de mi cuerpo.
89. Me reúso a procrastinar las necesidades de salud de mi cuerpo.
90. Evito a las personas o situaciones que comprometen mi salud en general.
91. El estado de mi salud trasciende de lo físico.
92. Estoy emocional y mentalmente sano también.
93. Tengo maneras saludables de lidiar con el estrés.
94. No me como mis sentimientos, en cambio, descubro salidas más sanas para ellos.
95. Conozco los factores detonantes de salud y tomo medidas conscientes para evitarlos.
96. No vivo a la sombra de cualquier condición médica que me aflige.
97. Soy proactivo sobre las decisiones que tomo.
98. Creo metas de salud que son críticas pero alcanzables.
99. Tengo el correcto tipo de apoyo necesario para mantenerme en el camino de mis metas de salud.
100. No me desconciertan los prospectos del mañana. Las cosas están bien.
101. Todos los órganos y sistemas de mi cuerpo trabajan al unísono para mejorar mi cuerpo.
102. No me faltan ideas sobre cómo mantenerme saludable.
103. Tomo mi salud y su cuidado con seriedad.
104. Mis proveedores de salud son enviados del cielo y van más allá de su deber para mantenerme en buena forma.
105. La ciencia necesaria para mantenerme sano ha sido inventada.
106. En caso de fragilidad, el proceso de curación de mi cuerpo va más rápido.

107. No hay limitaciones en lo que puedo lograr con mi cuerpo.
108. Lo que debía ser una discapacidad para mí se canaliza hacia el establecimiento de los cimientos de mi fuerza.
109. Soy un ser de multipropósitos. Todos mis sentidos están comprometidos, por lo tanto, el apagado de una parte no significa que pierda esa función por completo.
110. Los accidentes ocurren, pero tengo el control total de lo que sucede después.
111. Espero buenas noticias sobre mi salud hoy.
112. Cualquier crecimiento celular que sea contrario a la norma y que tenga el potencial de comprometer mi salud, lo detengo ahora mismo.
113. Todo en mi cuerpo es como debe ser.
114. Mis caminos nunca se cruzarán con los de alguien que busca sacar provecho a costa de mí de salud sin ofrecer soluciones reales.
115. Soy mentalmente competente para tomar decisiones con respecto a mi salud
116. Estoy físicamente en forma y mentalmente fuerte.
117. Soy proactivo en todo lo que tenga que ver con mi salud.
118. Mi salud es estable.
119. Encuentro formas divertidas e innovadoras de incluir una dieta balanceada y ejercicio en mi rutina diaria.
120. Estoy dominando el arte de vivir saludable todos los días.
121. Mi cocina y mi refrigerador son reflejo de las decisiones saludables que he decidido tomar.
122. Mi cuerpo está deshabitado de esas cosas dañinas que puedo antojar.
123. El estado de mi salud no está definido por mi edad.
124. Constantemente estoy haciendo lo mejor para mantenerme en forma, y lo hago sin esfuerzo.
125. Cualquier adicción que tenga que comprometa mi salud se detiene hoy.
126. Estoy mejor hoy de lo que estaba ayer.

127. El compromiso de mantenerme en buena salud se manifiesta en mis acciones.
128. Me hago responsable de mi salud y no espero a que otras personas me atiendan respecto a mis metas de salud.
129. Me rodeo deliberadamente de personas que comparten mis mismos objetivos.
130. No hay falta de nuevas y excitantes formas de tener una buena salud.
131. Estoy dispuesto a invertir en mi salud.
132. Las leyes de la tierra y las leyes del universo se alinean para trabajar a favor de mi bienestar.
133. Las políticas de salud que se están formulando están a mi favor.
134. Obtengo la ayuda que necesito exactamente cuando la necesito.
135. Estoy inspirado y motivado diariamente a ser saludable.
136. Mis pensamientos se centran en la salud.
137. Pienso en vitalidad cuando estoy despierto.
138. No acepto ninguna condición que no refleje buena salud.
139. El plan divino es tener buena salud y alinear mis pensamientos con esto.
140. Mis palabras, mis pensamientos y acciones son un reflejo del perfecto estado de mi salud.
141. Poseo y reclamo el poder curativo que mi cuerpo necesita para prosperar.
142. Mi cuerpo está condicionado para estar en buena salud.
143. Soy consciente de la vitalidad de mi cuerpo.
144. La buena salud es mi derecho de nacimiento y lo reclamo.
145. No hay límite para el abundante poder curativo que fluye por mi cuerpo.
146. No acepto ningún diagnóstico de enfermedad "incurable".
147. Hay una solución para lo que sea que mi cuerpo está pasando.
148. Estoy perfectamente íntegro y sano.

149. Mi resistencia física hoy se está haciendo más fuerte.
150. En las áreas donde mi cuerpo está enfermo, le hablo de curación a esas partes.
151. La sanación divina encuentra expresión en mi cuerpo.
152. No soy prisionero o rehén de ninguna enfermedad.
153. Mi cuerpo está conformado por las palabras que hablo sobre él.
154. Siempre hablo positivamente sobre mi salud.
155. Estoy completamente sano en cuerpo, mente y espíritu.
156. Dondequiera que haya una desconexión o mal funcionamiento de un órgano, célula o sistema de mi cuerpo, hablo de la restauración sobre él.
157. Mi cuerpo es fuerte. Mi cuerpo es ágil. Mi cuerpo es una casa de poder.
158. Desafío constantemente las expectativas médicas en el buen sentido.
159. Disfruto los placeres de la buena comida y la comida siempre ha sido buena para mi cuerpo.
160. Tengo una actitud positiva hacia mi cuerpo.
161. Mi cuerpo es positivamente excepcional.
162. No fuerzo mi cuerpo más allá de sus límites.
163. Como y disfruto todos los tipos de comida.
164. Cada intercambio de aliento restaura la vitalidad de mi cuerpo.
165. Las células en mi cuerpo trabajan juntas inteligentemente para revitalizar mi cuerpo.
166. Desarrollo las relaciones correctas que ayudan a promover mi salud.
167. Todo lo que pueda comprometer mi salud se encuentra alejado de mí.
168. Todo está funcionando en conjunto por mi bienestar.
169. La sanación es mi parte diaria en la vida.
170. La buena salud es una presencia constante en mi vida.

171. No me conmueve el diagnóstico de los doctores y médicos, sé que estoy saludable.
172. Soy una manifestación del poder de curación divino dentro de mí.
173. Mi intuición me guía en tomar las decisiones correctas pertinentes a mi salud.
174. Mi hogar es un centro de vitalidad y bondad.
175. Cuando cierro mis ojos para dormir, el sistema de auto-curación de mi cuerpo se reactiva.
176. Me despierto refrescado, revitalizado y completamente restaurado.
177. Las palabras que digo sobre mi cuerpo están llenas de vida.
178. El dolor y la enfermedad son una rareza para mí.
179. Siempre tengo buenas noticias sobre mi salud.
180. Soy inmune a cualquier virus transmitido por el aire, agua o alimentos que comprometan mi salud.
181. Mi sistema inmune está en excelentes condiciones.
182. No soy víctima de ninguna plaga o virus.
183. Mi salud es divina, y no está condicionada por lo que sucede a mí alrededor.
184. Tengo paz mental respecto a mi salud.
185. Estoy deshaciendo cualquier daño causado a mi cuerpo por años de malos hábitos.
186. Recibo retroalimentación positiva por los esfuerzos que hago en mantenerme sano.
187. Mi sistema inmune es muy fuerte y puede lidiar con cualquier tipo de bacteria, germen y virus.
188. Puedo superar cualquier enfermedad de la infancia o trastorno genético hereditario.
189. Hablo de orden al caos en cualquier parte de mi cuerpo.
190. Mi cuerpo es joven, y el tiempo no influencia este hecho.
191. Mi salud siempre se mantendrá estable.

CAPÍTULO CUATRO

AFIRMACIONES POSITIVAS PARA LAS FINANZAS

1. El dinero me llega fácil y sin esfuerzo.
2. Atraigo constantemente oportunidades que crean más dinero.
3. Soy digno de hacer más dinero.
4. Estoy abierto y receptivo a toda la fortuna que la vida me puede ofrecer.
5. Mis acciones crean constante prosperidad.
6. El dinero y mi espíritu co-existen armoniosamente en mi vida.
7. Atraigo dinero sin esfuerzo y fácil.
8. Descubro continuamente nuevas formas de ingreso.
9. Estoy abierto a toda la fortuna que la vida tiene para ofrecer.
10. Uso el dinero para mejorar la vida de otras personas.
11. Atraigo oportunidades lucrativas para crear dinero.
12. Veo abundancia en todos lados.
13. Me estoy convirtiendo más y más próspero cada día.
14. La vida se encarga de todas mis necesidades.
15. Mi vida está llena de prosperidad.
16. Merezco abundancia y prosperidad.
17. El dinero que gasto vuelve a mí multiplicado.
18. Tengo todo el poder que necesito para crear el éxito que deseo.
19. El universo provee oportunidades bondadosas para mi éxito.
20. Me niego a ser distraído de mis metas y mi visión.
21. Cada día está lleno de nuevas ideas y nuevas posibilidades.
22. Ser exitoso es fácil para mí.
23. Soy digno de estabilidad financiera.

24. Soy mente abierta y estoy dispuesto a explorar cualquier camino hacia el éxito.
25. Creencias limitantes no tienen poder sobre mí. Soy optimista y mente abierta.
26. Espero tener éxito en todos mis intentos. El éxito es mi estado natural.
27. Fácilmente encuentro soluciones a los desafíos y obstáculos y avanzo rápidamente.
28. Los errores y contratiempos son escaldones para mi éxito, porque aprendo de ellos.
29. Cada día en cada sentido, me vuelvo más y más exitoso.
30. Me siento exitoso en mi vida ahora, incluso mientras trabajo hacia el éxito del futuro.
31. Sé exactamente lo que necesito para alcanzar el éxito.
32. Veo el miedo como el combustible para mi éxito y tomo acciones audaces a pesar del miedo.
33. Me siento fuerte, capaz, confiado, energético, y en la cima del mundo.
34. Tengo la intención de éxito y sé que es una realidad esperando mi llegada.
35. Ahora he alcanzado mi meta y me siento emocionado por mis logros.
36. Estoy logrando mi meta financiera desde un lugar de satisfacción.
37. El dinero viene a mí sin esfuerzo.
38. Soy una poderosa casa de dinero.
39. No soy dueño de las personas, y siempre pago mis deudas.
40. Tengo todos los recursos que necesito para cumplir mis obligaciones financieras.
41. No trabajo por dinero. El dinero trabaja para mí.
42. Tengo los recursos intelectuales para crear una fortuna.
43. Tengo la sabiduría para tomar decisiones inteligentes sobre dinero.
44. Disfruto las riquezas que vienen a mí.

45. El dinero no es un problema para mí.
46. Soy un imán del dinero.
47. Se me ocurren ideas innovadoras que construyen riquezas.
48. Soy un creador de fortunas.
49. Mis acciones no son gobernadas por la avaricia.
50. Mientras me aplico en conseguir riqueza, lo hago legalmente.
51. Tengo las conexiones correctas para alcanzar mis metas financieras.
52. Controlo un conglomerado de riquezas.
53. Mi riqueza es inagotable.
54. Soy capaz de proveer por mi familia incluso hasta la quinta generación.
55. Rompo cada limitación sobre mis riquezas logradas.
56. Soy próspero en todos mis intentos.
57. Soy rico en cada moneda del mundo.
58. La pobreza está lejos de mí.
59. Mientras acumulo riquezas, soy generoso con las personas a mí alrededor.
60. Los trabajos de mis manos están bendecidos para producir frutos constantemente.
61. Como el fruto de mis labores.
62. Soy millonario.
63. Soy rico.
64. Estoy rodeado de abundancia a donde sea que voy.
65. No hay tal cosa como la falta de algo para mí.
66. Tengo la habilidad de comprar todo lo que quiero.
67. No soy un insensato en cuestiones de dinero.
68. Estoy conectado a la fuente de riquezas en el universo.
69. Todos los elementos que necesito para crear y sustanciar una fortuna están disponibles para mí.
70. El dinero es atraído a mis esfuerzos.
71. Mi cartera y cuenta del banco nunca están vacías.
72. Nunca me quedaré sin recursos financieros.
73. Tengo una actitud positiva en cuanto al dinero.

74. Respiro, como y duermo en riquezas.
75. He sobrepasado por mucho mis expectativas financieras este año.
76. No soy un extraño para las riquezas.
77. Rompo cualquier poder que tenga la pobreza sobre mi familia.
78. Desarrollo hábitos de dinero.
79. Hago dinero durante el día.
80. Hago dinero cuando estoy dormido y cuando estoy despierto.
81. Tengo la habilidad de anticipar potencialmente movimientos creadores de dinero.
82. Estoy bien versado en el arte de crear riquezas.
83. La riqueza que creo es sustentable.
84. Las puertas de oportunidades que llevan a la creación de riquezas están abiertas para mí.
85. El dinero para mí es tan abundante como el aire que respiro.
86. Jamás seré pobre en mi vida.
87. Jamás estaré quebrado en mi vida.
88. Rechazo las semillas de la pobreza en mi vida.
89. Me rodeo de creadores de fortunas.
90. Estoy relacionado con algunas de las mejores influencias financieras del mundo.
91. No heredo las deudas de mi padre ni del padre de él.
92. Estoy financiablemente equipado para conocer las necesidades de mi familia.
93. Estoy ajustando metas financieras inteligentes para este año.
94. El margen para el fracaso en mi vida es casi nulo.
95. Habito en riquezas y fortunas.
96. Soy la personificación del éxito y la fortuna financiera.
97. Disfruto mi fortuna.
98. No me perturba el clima económico de los tiempos actuales.
99. Mi fortuna es independiente de lo que ocurre en el mundo hoy.
100. Tomo sabias decisiones de inversiones.

101. Hago movimientos de dinero que traen grandes bonificaciones.
102. Soy partícipe en la divina riqueza del universo.
103. He sido programado para el éxito.
104. No existe tal cosa como la limitación cuando se trata de hacer dinero.
105. Hablo fluido el lenguaje de la creación de riqueza.
106. El dinero en mi cuenta es abundante.
107. En cualquier punto en el tiempo, tengo los recursos adecuados para hacer una transacción rentable.
108. Nunca seré pobre en mi vida.
109. Repugno la pobreza.
110. Tengo pensamientos ricos y millonarios.
111. Soy el éxito en movimiento.
112. Las cosas no me ocurren a mí en el mundo de las financias, yo ocurro en las cosas.
113. Soy el jefe del dinero, yo le digo al dinero qué hacer.
114. Constantemente estoy creando riquezas.
115. Soy terco en mi determinación de mantenerme rico.
116. No soy horrorizado por la riqueza.
117. Yo gobierno el dinero en mi vida.
118. El éxito no es la cita que cuelgo en la pared, es mi experiencia.
119. Camino diariamente con libertad financiera.
120. Hago transacciones financieras cada día.
121. Mi deseo por riquezas no está motivado por la avaricia.
122. No participo en ninguna actividad ilegal para construir mis riquezas.
123. Las riquezas que poseo nacieron de intenso trabajo duro.
124. Nunca trabajo en vano.
125. El éxito y las riquezas son recompensas por mis esfuerzos.
126. La riqueza es una compañera constante en mi vida.
127. Ser rico es mi derecho fundamental y herencia divina.
128. Estoy progresando constantemente.

129. Cada minute del día me trae riquezas.
130. Mi vida se caracteriza por abundancia financiera.
131. No estoy avergonzado de crear riquezas.
132. Cada programación religiosa que me avergüence por ser rico está desactivada.
133. Nací para reinar triunfantemente en esta vida.
134. Fui creado para ser rico.
135. No seré derrotado o definido por intentos fallidos.
136. Las lecciones que aprendo en la vida me dan poder para ser mejor.
137. Financieramente siempre gano.
138. Mis riquezas no son solo para mostrar. Las uso para transformar activamente a la comunidad de forma positiva.
139. Mis riquezas están protegidas de las langostas financieras.
140. Porque estoy conectado a las fuentes universales de las riquezas, nunca me quedaré seco.
141. Incluso en abundancia, sé cómo utilizar el dinero sabiamente.
142. Mi viaje al éxito y a las riquezas empieza hoy.
143. Mis expectativas financieras no son aisladas.
144. Estoy forjando lazos con las personas indicadas para traer la manifestación de mis metas financieras.
145. Tengo paz mental total en lo que concierne a riquezas.
146. Es muy poco lo que no puedo lograr financieramente.
147. Tengo aliados en los lugares correctos.
148. Las riquezas no son un concepto extraño para mí.
149. No estoy definido por mis riquezas, pero mi vida es caracterizada por ellas.
150. Mi mente está trabajando constantemente en formas innovadoras de crear riquezas.
151. Me muevo en mi propia línea de tiempo para actualizar mis riquezas.
152. No comparo mi viaje financiero con el de otros.

153. Llegaré a mi destino financiero a tiempo a pesar de las circunstancias.
154. Mi viaje a las riquezas está lleno de emoción y alegría.
155. Mientras trabajo hacia mis metas del éxito, me libero a mí mismo de las preocupaciones y desconcierto.
156. Tengo acceso a tesoros en lugares ocultos.
157. El conocimiento de las riquezas escondidas en este mundo es mío.
158. He obtenido la gracia divina al éxito en mis esfuerzos financieros.
159. La creación de riquezas es un proceso sin esfuerzo para mí.
160. Sobresalgo en todo lo que hago.
161. Mi riqueza es como las hojas en un árbol perenne; son renovadas con cada estación y nunca se seca.
162. Estoy divinamente dispuesto a ser un exitoso creador de riquezas.
163. Las políticas económicas del mundo están trabajando a mi favor.
164. Incluso cuando el mundo está en una temporada de pérdidas, estoy creando riquezas.
165. No hay nada que esté adecuadamente equipado para impedir que tenga éxito en la vida.
166. Ni siquiera yo puedo sabotear mis esfuerzos para ser exitoso.
167. Estoy nadando en océanos de riqueza.
168. Mis motivaciones financieras no están basadas en el miedo o la codicia.
169. Mi mayor fracaso en la vida no es suficiente para impedirme prosperar.
170. Al igual que el ave fénix, las cenizas de mi fracaso son una rampa de despegue para mi éxito.
171. Estoy elevado por encima de la pobreza.
172. Me estoy liberando a mí mismo de cualquier mentalidad de pobreza que me impida progresar en la vida.

173. Si estoy saboteando mi propio éxito con mis manos, estoy tomando la decisión ahora mismo de ponerle fin a eso.
174. El dinero tiene un nombre y me responde cuando lo llamo.
175. Mi riqueza me hace ser una bendición financiera para el mundo y para las personas en él.
176. Elevo a las personas con mi riqueza ya que no soy egoísta.
177. Me alimento a mí mismo de pensamientos que motivan y emocionan al creador de riqueza que hay en mí.
178. La riqueza que poseo no está limitada o restringida por ninguna barrera.
179. Estoy preparado para disfrutar la riqueza que he creado.
180. Tengo la mentalidad de un creador de riquezas.
181. Mi situación financiera nunca puede ser desesperanzada.
182. Mi mente es una riqueza de ideas de la que constantemente extraigo para obtener resultados productivos.
183. Es imposible que me quede sin dinero porque la fuente de mi riqueza está dentro de mí. Mientras viva, ganaré dinero.
184. Mi futuro financiero está constantemente en una tendencia al alza.
185. Experimento una progresión consistente en la riqueza que creo anualmente.
186. Nací para vivir una vida de éxito.
187. Cada día, subo de un nivel de éxito a otro.
188. No me interpongo en el camino de los éxitos de otras personas.
189. Tengo una visión clara de la vida que quiero.
190. Persigo mis metas financieras con renovado vigor cada día.
191. Hoy tengo éxito. Mañana tendré éxito. Todos los días soy exitoso.

CAPÍTULO CINCO

AFIRMACIONES POSITIVAS PARA LOS NEGOCIOS

1. Manejo uno de los más exitosos negocios en el mundo.
2. Logro fácilmente todas mis metas de negocios.
3. Solo deseo cosas que van en la misma línea que mis metas de negocios.
4. Manifiesto instantáneamente mis deseos.
5. El negocio que manejo no es solo hacer dinero. Es marcar la diferencia.
6. Puedo lograr lo que yo desee.
7. Puedo conquistar todos los desafíos que deba confrontar.
8. Me estoy volviendo más confiado y fuerte cada día con las decisiones que tomo.
9. Mi potencial para el éxito es infinito.
10. En este negocio, me estoy convirtiendo más conocedor y sabio cada día.
11. Soy creativo y estallo con brillantes ideas.
12. Soy valiente y venzo mis temores enfrentándome a ellos.
13. Los desafíos sacan lo mejor de mí.
14. Tengo confianza en mis habilidades y destrezas.
15. Tomo buenas decisiones financieras.
16. Soy audaz y valiente en la persecución de mis objetivos de negocios.
17. Me enfrento a dificultades asociadas a manejar un negocio con valentía.
18. Mi negocio hace una profunda diferencia en este mundo.

19. Estoy construyendo un negocio exitoso para un impacto global.
20. Yo creo valor con mi servicio. Mi negocio es un regalo para este mundo.
21. Soy experto en los negocios.
22. Cada fracaso me ha hecho un mejor hombre/mujer de negocios.
23. Tengo éxito en todo lo que hago.
24. El fracaso me enseña cómo puedo tener éxito en la vida.
25. No dejo piedra sin mover en mi viaje para ser exitoso.
26. Atraigo el éxito divino.
27. Persigo mi propia definición de éxito.
28. Todo me saldrá bien.
29. Soy un ganador.
30. Los instrumentos que necesito para tener éxito están en mi poder.
31. No hay nadie mejor que yo para hacer el trabajo.
32. Tengo fe en mis ideas de negocios.
33. Estoy agradecido por las cosas que tengo.
34. Alcanzaré todas mis metas.
35. Mis metas son simples y sencillas.
36. Los clientes vendrán a mí de diferentes partes del mundo.
37. Mis metas están cada día más cerca de ser cumplidas.
38. Me fijé metas claras y trabajo para cumplirlas todos los días.
39. Tengo un plan de acción para lograr mis deseos.
40. Mis prioridades están claras. Trabajo para terminar mis tareas más importantes primero.
41. Mis metas son mi enfoque.
42. Sólo me pongo metas que importan.
43. Mi enfoque en el éxito es inquebrantable.
44. Cuando mi necesidad es lo suficientemente fuerte, encontraré una manera.
45. Me comprometo a convertirme en la persona en la que me seré.

46. Mi mente es como el agua. Cambiaré y ajustaré según sea necesario en los negocios.
47. El éxito está en el futuro de mi negocio.
48. Dominaré las distracciones y mantendré el enfoque en mis metas.
49. Debo depender de mí mismo.
50. La culpa del fracaso recae sobre mis hombros, pero no me detendrá.
51. Soy mi mejor oportunidad de éxito.
52. No aceptaré nada más que lo mejor.
53. El éxito está en mi futuro.
54. Estoy mejorando constantemente.
55. Deseo aprender cosas nuevas.
56. Donde otros ven un desafío, yo veo nuevas oportunidades.
57. Tengo una mentalidad de crecimiento.
58. El tiempo es mi amigo. Termino todas las tareas que necesito terminar.
59. Mi vida está hecha de alegría. Construiré mi negocio con exuberancia.
60. Seré proactivo en descubrir los obstáculos de mis logros.
61. La mente ocupada me ayudará a aprovechar al máximo mí tiempo.
62. Asumo la responsabilidad de mis éxitos y mis fracasos.
63. No soy dependiente de nadie más.
64. Sigo mis sueños con vigor.
65. Las cosas pequeñas en la vida marcan la diferencia.
66. Me gusta estar rodeado de las personas con las que trabajo.
67. Mi miedo disminuye al vivir la vida con valentía.
68. Un hombre/mujer exitoso de negocios vive dentro de mí, y hoy ese hombre/mujer está dirigiendo mi negocio.
69. Estoy confiado y tranquilo.
70. Las puertas de la oportunidad y la abundancia se abren para mí hoy.
71. Las nuevas oportunidades vienen fácilmente a mí.

72. No hay límites para lo que puedo lograr.
73. Hoy soy optimista. Pienso positivamente y me rodeo de energía positiva.
74. Me siento fuerte, emocionado y poderoso acerca del futuro de mi negocio.
75. Regularmente añado ingresos a mi negocio.
76. Hoy voy a hacer avanzar mi negocio.
77. Oportunidades increíbles se me presentan constantemente.
78. Atraigo clientes positivos y miembros del equipo a mi negocio.
79. No hay límites a lo que puedo y voy a lograr hoy.
80. ¡Puedo hacerlo y lo haré! No hay nada que me detenga.
81. Trabajaré más inteligentemente, no más duro.
82. Soy una influencia positiva, y me rodeo de otros como yo.
83. El tiempo es mi activo más valioso. Cuido mi tiempo cuidadosamente.
84. El equilibrio es la clave. Mezclaré el autocuidado con el esfuerzo.
85. Mi progreso siempre está avanzando.
86. Me siento libre de darme el cuidado que necesito.
87. La energía positiva me rodea.
88. Soy un empleador maravilloso. Mis empleados tienen suerte de tenerme.
89. Mis objetivos de negocios se manifestarán tal y como son en mis sueños.
90. Cuando digo "no" al proyecto equivocado, me acerco más a la tranquilidad que necesito en los negocios y entiendo esto.
91. Los ingresos de mi nuevo negocio continuarán aumentando.
92. Estoy tranquilo y confiado en manejar los asuntos de mi negocio.
93. Las nuevas oportunidades vienen fácil a mí.
94. Atraeré clientes positivos.
95. Cuando las oportunidades de negocios llaman, estoy más que preparado para abrir la puerta.

96. La organización es algo natural para mí.
97. Yo controlo mi día; no dejaré que mi día me controle.
98. Mi pasión por los negocios trae resultados tangibles.
99. No dejaré que otros impongan sus limitaciones en mí.
100. Estoy totalmente comprometido con alcanzar el éxito en mi vida.
101. Mi único límite soy yo mismo.
102. Mi intuición y sabiduría me guían en la dirección correcta.
103. Tengo fe en mí.
104. Soy capaz de tomar la mejor decisión posible para mi negocio diariamente.
105. Me siento seguro de mis decisiones e intuitivamente sé qué es lo mejor para mi negocio.
106. Incluso si tomo una decisión incorrecta, ésta siempre me llevará a un lugar positivo.
107. Tomo decisiones responsables en cuanto a mi negocio y considero cómo éstas puedan afectar a otras personas.
108. Alcanzo cualquier meta laboral que me proponga. Si lo sueño, puedo lograrlo. Ninguna meta es imposible de alcanzar.
109. Nunca dejo de aprender y de ver opciones de crecimiento en cualquier parte. Mejoro cada día por el resto de mi vida.
110. Hoy mi negocio está mucho mejor que en esta misma fecha el año anterior, y cada día que pasa sigue mejorando.
111. Estoy programado para contratar a las personas correctas para mi negocio.
112. Soy paciente conmigo mismo mientras alcanzo mis metas laborales y acepto que los cambios positivos requieren tiempo. Pero hay nuevos elementos de la visión que tengo de mi negocio emergiendo cada día.
113. Mis empleados son tan apasionados con el impacto positivo de mi negocio como yo.

114. Me libero de cualquier apego que me aleje de alcanzar mis metas laborales. No permitiré que nada ni nadie me retengan. No acepto más negatividad en mi vida.
115. He encontrado una manera efectiva de comunicar mis ideas laborales a personas que me ayuden a hacerlas realidad.
116. Pido lo que quiero porque sé que lo merezco. Honro mis deseos hoy y siempre.
117. No temo por el futuro de mi negocio porque siempre he encontrado exitosamente la manera de alcanzar el éxito. Y he mitigado cualquier posible amenaza al éxito de mi negocio.
118. A pesar de cualquier situación por la que atraviese, estoy bendecido. He sido bendecido con todas las lecciones que he aprendido de las dificultades. Sigo creciendo aún con todas las cosas positivas y negativas que se atraviesan en mi camino.
119. Estoy esforzándome conscientemente para seguir emocionado con mi negocio.
120. Alcanzo mis metas incluso si cometo errores porque sé que nada me alejará de alcanzar lo que quiero.
121. Si llego a un punto donde tengo que luchar por mantener mi negocio creciendo, recibo inspiración divina sobre cómo llevar las cosas a otro nivel.
122. No permito que otras personas me alejen de alcanzar mis metas. Me permito a mí mismo transitar mi propio camino y le permito a los demás hacer lo mismo.
123. Estoy preparado para manejar la capacidad de éxito de mi negocio y así no abrumarme en ningún momento.
124. La capacidad de éxito de mi negocio excede mis expectativas personales y las proyecciones de otras personas.
125. Perdono a todas aquellas personas que me han herido en los negocios y me libero de cualquier dolor del pasado. Vivo sólo en el presente y por el futuro.
126. Sé lo que quiero y sé que lo merezco. Me hago responsable por todo lo que he incluido en mi negocio.

127. Mi motivación laboral viene de un lugar de paz.
128. Estoy ansioso por guiar mi negocio hacia la visión que tengo para él.
129. No dudo en llevar a cabo todas las estrategias de negocios brillantes que tengo.
130. Mi camino hacia el éxito es emocionante y está lleno de deleite.
131. Encuentro plenitud en el éxito de mi negocio.
132. Mi negocio es capaz de satisfacer las necesidades de mis clientes.
133. Estoy creando soluciones sustentables para mi negocio.
134. Mi negocio es la respuesta para las necesidades de mis clientes.
135. En cualquier punto, la palabra "no" no define el desenvolvimiento de mi negocio.
136. Obtengo más sí que no.
137. Las personas intentan plagiar mi negocio, pero la autenticidad de mi modelo de negocio e ideas destacan de las demás.
138. Tomo decisiones justas y conscientes con respecto a mi negocio.
139. Mi negocio compite favorablemente en el mercado.
140. Me son concedidos contratos que tienen un impacto positivo en mi negocio.
141. Cada tarea que se le asigna a mi empresa es una oportunidad de brillar y siempre estoy ansioso por realizarlas.
142. Nunca doy por sentado nada de lo que sucede en mi negocio.
143. Mi empresa es un lugar apasionante para que mis empleados trabajen.
144. Las mejores manos del negocio siempre están ansiosas para venir y trajar para mí.
145. El espíritu de mi equipo es tal que nos sentimos como una familia.

146. He construido un ambiente laboral propicio tanto para trabajadores como para clientes.
147. Cualquier energía negativa y perjudicial es alejada hoy de mi negocio.
148. Tengo la actitud necesaria para tener un negocio exitoso.
149. Cuento con todos los recursos necesarios para llevar mi negocio del lugar donde se encuentra ahorita al lugar donde quiero que esté mañana.
150. No existen restricciones ni limitaciones para el éxito que mi negocio atrae.
151. Mi negocio es una extensión de mis sueños y a través de él soy capaz de alcanzar todos los sueños que tenga.
152. La atmósfera sobre, dentro y alrededor de mi negocio es positiva.
153. Mi negocio siempre es relevante.
154. El negocio que estoy construyendo es un legado que será heredado por las generaciones que están por venir.
155. Estoy avanzando, y el éxito en mi negocio es un proyectil ascendente.
156. Mi negocio es éxito en constante movimiento.
157. Las bases que he construido para este negocio son lo suficientemente fuertes como para soportar cualquier cambio económico que pueda ocurrir.
158. Atraigo a los inversionistas ideales para mi negocio.
159. No dejo nada al azar en los asuntos de negocios.
160. Encuentro favor y gracia en todos mis asuntos laborales.
161. Tengo una base fuerte y sólida que me da confianza.
162. No pierdo de vista en ningún momento mis metas y objetivos.
163. Todos los días recibo inspiración para ser excelente.
164. Me rehúso a manejar mi negocio mediocremente.
165. Utilizo principios empresariales sólidos que otorguen resultados rentables.
166. Mi mundo laboral está en un escenario global y me fascina.

167. Estoy empleando al talento necesario para llevar mi negocio al siguiente nivel.
168. Todo el valor de mi negocio se verá directamente impactado por mi red de negocios, mientras haga las conexiones correctas.
169. Jamás fallo en los negocios, debido a que siempre estoy ganando o aprendiendo. Los fracasos que se convierten en lecciones son mi lanzamiento hacia cosas más grandes.
170. El futuro de mi negocio es brillante. Todas las nubes oscuras se han disipado.
171. No manejo mi negocio con deudas. Soy suficientemente capaz de mantener a mis inversionistas felices.
172. Mientras tomo buenas decisiones financieras, también lo estoy haciendo social, político y ambientalmente.
173. Soy capaz de manejar mi negocio y de llevar una vida divertida y fascinante.
174. Los contratos que firmo en mi negocio están a mi favor.
175. Mi negocio está protegido de los vicios de devoradores económicos que han llevado a la quiebra muchos otros negocios.
176. El dinero no es el objetivo principal en mi negocio. Estoy dominando mi área.
177. No existe obstáculo insuperable para mí en mi negocio.
178. Tengo a las personas precisas de mi lado, así que mi negocio está en buenas manos.
179. Mis asesores de negocios tienen mi mejor interés en el corazón.
180. No pierdo dinero por robos, descuidos o accidentes.
181. En caso de algún accidente, tengo la sabiduría necesaria para tomar las medidas necesarias y mitigar el problema.
182. Hay orden y organización exhaustiva en mi negocio.
183. Mi negocio es una fuente de felicidad tanto para mí como para otras personas.

184. A través de mí y de mi negocio, las vidas de muchas personas se han visto impactadas positivamente.
185. Estoy rompiendo el molde y creando nuevas rutas en mi negocio.
186. Mi negocio se destaca como un ejemplo brillante de cómo un negocio debe ser manejado.
187. Mi negocio va a ganar reconocimientos globales por diferentes formas de excelencia.
188. Mi negocio está asociado a calidad, superioridad, excelencia e innovación.
189. Tengo una cartera de clientes muy felices.
190. A través de mi negocio voy a conocer a los líderes e influyentes más importantes del mundo.
191. Nací para manejar un negocio exitoso y este negocio será un legado perdurable en el tiempo.
192. Nada me detendrá de seguir creciendo. Mido las oportunidades y hago que sucedan.

CAPITULO SEIS

AFIRMACIONES POSITIVAS PARA TENER CONFIANZA

1. Pienso en mí mismo como el maestro que soy, el maestro que siempre he sido.
2. Sé que tengo el dominio sobre mi vida gracias a las cosas que puedo mantener en mi mente y estando consciente del presente.
3. Cuando influyo sobre otras personas uso mi poder con amor.
4. Estoy conectado al amor divino y a la sabiduría.
5. Estoy intacto, despejado e ileso de cualquier daño que haya experimentado en mi vida.
6. Confío en el proceso de la vida.
7. Mis posibilidades son infinitas.
8. Soy merecedor de mis sueños.
9. Soy suficiente.
10. Es fácil para mí verme en el espejo y decirme "te amo".
11. Soy atractivo.
12. Mi pareja me encuentra sexy porque se siente atraído a cada parte de mí.
13. Me encanta todo de mi cuerpo.
14. Irradio confianza y todos me respetan.
15. Todos me encuentran sexy y deseable.
16. Me emociona verme en el espejo.
17. Soy recompensado por dar lo mejor de mí.
18. Todas mis acciones aumentan mi confianza.
19. Veo los problemas como retos.
20. Irradio confianza.

21. Merezco amor y felicidad.
22. Me siento cómodo y tranquilo cuando estoy con otras personas.
23. Me encanta conocer gente nueva, incluso busco nuevas personas.
24. Soy una persona extrovertida, puedo enriquecer la vida de los demás.
25. Es fácil hablar conmigo. Me siento seguro de mí mismo cuando estoy con otras personas.
26. Cada día que pasa me hace mejor. La práctica me ayuda a alcanzar la grandeza.
27. Confío en mi habilidad para superar los inconvenientes.
28. Reemplazo cualquier crítica malintencionada por apoyo alentador.
29. Todos mis defectos son perfectos.
30. Siempre doy lo mejor de mí, soy una persona de buen corazón.
31. Los demás no se aprovechan de mí.
32. Confío en mis habilidades.
33. No tengo miedo de equivocarme.
34. La felicidad está a mi alcance.
35. Me siento seguro de mí mismo en presencia de otros.
36. El éxito es la fuerza que me impulsa.
37. El éxito de otros no me hace sentir envidia. Mi momento llegará.
38. Hablaré con confianza y seguro de mí mismo.
39. Diré que NO cuando no tenga tiempo o ánimo de actuar.
40. La única persona que me puede vencer soy yo mismo.
41. Me atrevo a ser diferente.
42. Cada uno de mis deseos es alcanzable.
43. Aun así me encuentre fuera de mi zona de confort, me sentiré cómodo en mi propia piel.
44. Si fallo, seguiré fallando hasta avanzar.
45. Mi confianza en mí mismo no conoce límites.

46. No necesito de nadie más para ser feliz.
47. Escojo la esperanza por encima del miedo.
48. El positivismo es una opción que decido tomar.
49. No voy a tomar la negatividad de otras personas de forma personal.
50. Mi compromiso conmigo mismo es real.
51. Creo en mí.
52. Reconozco mi valor propio. Mi confianza está en aumento.
53. No soy mis errores.
54. Me acepto a mí mismo incondicionalmente.
55. Estoy orgulloso de mí mismo y de todo lo que he logrado.
56. Soy exitoso.
57. Soy una persona hermosa.
58. Merezco amor, comprensión y empatía.
59. Creo en la persona con la que sueño ser.
60. Hoy escojo ser feliz y amarme completamente.
61. Honro mi compromiso conmigo mismo.
62. No existen las decisiones erróneas.
63. Ahora estoy creando mi vida exactamente como la quiero.
64. El positivismo es una opción, yo elijo ser positivo.
65. Estoy libre de preocupaciones y me encuentro en paz con quien soy.
66. Yo valgo. Tengo permitido decirle "no" a los demás y decirme "sí" a mí mismo.
67. Lo que doy es lo que recibo.
68. Elijo no tomarme todo personalmente.
69. Dejaré de disculparme por ser yo mismo.
70. En mi vida no hay espacio para hablarme negativamente.
71. No me inclino ante mis miedos.
72. Mi mente, cuerpo y alma están en forma y son fuertes.
73. Cuando respiro, inhalo confianza y exhalo timidez.
74. Me encanta conocer personas nuevas y acercarme a ellos con osadía y entusiasmo.
75. Vivo en el presente y me siento seguro del futuro.

76. Mi personalidad irradia confianza. Soy atrevido y extrovertido.
77. Soy auto-suficiente, creativo y persistente en todo lo que hago.
78. Soy energético y entusiasta. La confianza es mi segunda naturaleza.
79. Siempre atraigo sólo lo mejor de las circunstancias y a las mejores personas positivas para mi vida.
80. Soluciono los problemas. Me enfoco sólo en resolver y siempre encuentro la mejor solución.
81. Adoro los cambios y siempre me ajusto muy fácilmente a nuevas situaciones.
82. Estoy bien arreglado, sano y lleno de confianza. Mi yo exterior coincide con mi bienestar interior.
83. La confianza en mí mismo es lo que me hace prosperar. Nada es imposible y la vida es genial.
84. Me enfrento a situaciones difíciles con coraje y convicción. Siempre encuentro una salida a estas situaciones.
85. Siempre veo sólo lo bueno en los demás. Sólo atraigo personas positivas y seguras de sí mismas.
86. Utilizo mis emociones, pensamientos y retos para guiarme a lugares mucho más profundos e interesantes dentro de mí mismo.
87. Estoy agradecido por lo que soy.
88. No traiciono a mi pareja en ningún punto de nuestra relación
89. No espero perfección de parte de mi pareja, pero sí le amo perfectamente.
90. El amor que doy está arraigado a cosas correctas.
91. Estoy segura del amor de mi pareja y vice versa.
92. Cada día que pasa me enamoro más de mí mismo.
93. La expresión de mi amor no está limitada por mis experiencias.
94. No tengo la necesidad de validar el amor que siento hacia ninguna persona excepto yo mismo.

95. Me amo lo suficiente para escapar de relaciones tóxicas.
96. Acepto las diferencias que existen entre mi pareja y yo.
97. El amor por mi pareja se renueva constantemente en las relaciones en las cuales estoy comprometido.
98. Estoy preparado para poner el esfuerzo necesario para mantener mis relaciones vivas.
99. No digo palabras que puedan destruir a alguien.
100. Cuido de las personas y mi amor hace que otros florezcan.
101. Soy paciente, amable y comprensivo.
102. No hago afirmaciones acerca otras personas sin antes verificar su autenticidad.
103. Doy todo de mí mismo sin condiciones ni expectativas.
104. Mi amor no depende de las circunstancias que me rodean.
105. Soy capaz de amar a las personas que están en mi vida durante buenos y malos momentos.
106. Mi relación está basada en los principios que compartimos y que permiten tener una base sólida.
107. Comparto con mi pareja una profunda intimidad compartida.
108. No le guardo rencor ni mantengo errores del pasado de mi pareja.
109. Mis expectativas en el amor están arraigadas a principios tangibles.
110. Valoro la lealtad y por lo tanto soy un amigo leal.
111. Tengo el coraje de disculparme cuando le falle a las personas que me importan.
112. Perdono completamente a todas las personas que me hayan fallado.
113. Soy discreto acerca los detalles personales de los que confían en mí.
114. No traiciono la confianza de mis amigos, pareja o familiar.
115. Cada día que pasa se me presenta una oportunidad para crecer en mi relación.
116. El amor que compartimos mi pareja y yo en el matrimonio es divino.

117. No soy una persona solitaria, tengo la habilidad de hacer nuevas amistades.
118. Soy una persona apreciativa.
119. Hay suficiente espacio en mi corazón para el amor.
120. Soy una persona desinteresada pero eso no significa que me ame menos.
121. Soy responsable de las relaciones que tengo.
122. Cuando esté en desacuerdo con alguien, me comunicaré sin humillar.
123. Mi pareja y yo crecemos juntos, no separados.
124. Hay espacio para crecimiento positivo en todas mis relaciones.
125. En mi matrimonio, mi pareja y yo aspiramos a metas alcanzables.
126. Estoy muy contento con mi relación.
127. Mi relación se caracteriza por el amor, felicidad y afecto genuino.
128. Me conmueve el dolor de mi pareja e intento activamente detenerlo.
129. No soy victimizado en ninguna de mis relaciones.
130. No hay secretos peligrosos entre mi pareja y yo.
131. El ambiente en mi matrimonio nos permite hablar sobre cualquier cosa.
132. La felicidad de mi pareja es independiente de mí y viceversa.
133. Mi matrimonio ha sido creado a largo plazo.
134. Mi relación es el cielo para mí, y encuentro paz en él.
135. Soy fuerte mental y emocionalmente para lidiar con todas las etapas de mi matrimonio.
136. Mi pareja es fuerte mental y emocionalmente para lidiar con todas las etapas de nuestro matrimonio.
137. Me alejo de personas y relaciones tóxicas.
138. Soy un apoyo y soy progresivo en todas mis relaciones.
139. Mi amor no está restringido a pocos, y da la bienvenida a muchos.

140. Mi pareja y yo envejecemos agraciadamente pero nuestro amor se mantiene como nuevo.
141. Mi matrimonio es todo lo que mi pareja y yo visualizamos para nosotros.
142. Soy elocuente sin herir la comunicación con mi pareja.
143. Mi pareja y yo compaginamos emocional, financiera y espiritualmente.
144. Mi hogar es un oasis del mundo exterior y está lleno de amor, paz y armonía.
145. Me siento cómodo con mi relación.
146. Estoy profundamente conectado a mi pareja en las maneras realmente importantes.
147. El amor no es un concepto alusivo para mí.
148. Soy inquebrantable en la confianza que le tengo a mi pareja.
149. Mi pareja no me da razones para cuestionar la confianza que le tengo.
150. Estoy completamente abierto a mi pareja. No le escondo ninguna parte de mí.
151. Hay orden en mi relación.
152. El arrepentimiento es un concepto ajeno a todas mis relaciones.
153. Lidio con la pérdida en una manera sana.
154. Si atravieso por una pérdida, no escondo el dolor pero tampoco me abruma.
155. Esta unión es exitosa y progresiva.
156. Me enamoro de mi pareja todos los días.
157. Soy ferviente y consistente en mis afirmaciones de amor.
158. Nunca pierdo la oportunidad de decirle a mi pareja cuanto le amo.
159. Nunca pierdo la oportunidad de mostrar mi afecto por las personas que amo.
160. Le pertenezco completamente a mi amado, así como mi amado me pertenece.
161. Mis relaciones son mi prioridad.

162. No doy por sentado a las personas que me importan.
163. No me siento a ver como otro ser humano sufre.
164. Muestro compasión y empatía cuando es necesario.
165. Soy confiable en mis relaciones.
166. Me conmueve mostrar actos de amabilidad diariamente.
167. No discrimino en mis relaciones.
168. A mis amigos se les hace fácil confiar en mí porque saben que soy discreto.
169. Siento amor y respeto genuinos por las personas en mi vida.
170. No siento envidia ni rabia por el éxito de mis amigos.
171. Me alejo de los malos hábitos que puedan influir negativamente en mi amor.
172. Acepto todos los buenos hábitos que enriquezcan y hagan crecer mi amor.
173. Soy una bendición para las personas en mi mundo.
174. No trato de impresionar a las personas con mi amor, sólo lo expreso.
175. Trabajo en la consciencia del amor divino que existe dentro de mí.
176. Instintivamente sé cómo amar a las personas con las que estoy en contacto.
177. Lo que sienta mi corazón por mi pareja no es algo en lo que tenga que trabajar dolorosamente.
178. El amor entra a mi vida sin esfuerzo.
179. Mi amor es como las estrellas en la noche. Incluso en la oscuridad de la vida sigue brillando.
180. No soy irracional con mi amor. Mi mente y corazón están involucrados.
181. Mi amor no discrimina pero tampoco es ciego.
182. Cualquier cosa positiva que se haya dicho referente al amor es una experiencia diaria para mí.
183. Venzo cualquier estereotipo negativo acerca del amor y trasciendo cualquier expectativa dañina del amor.

184. El amor que siento por mí mismo es lo primordial. Me amo en una manera hermosa.
185. Me rodeo de amor del bueno, pero siempre puedo mirar dentro de mí y encontrar el amor que necesito.
186. El tamaño de mi cartera no determina el grado de mi amor.
187. Siempre encuentro una manera creativa y positiva de expresar mi amor.
188. Siempre me sentiré amado sin importar lo que pase.
189. Hago mi parte para hacer del mundo un lugar más comprensivo y amoroso.
190. El amor que siento por los humanos se extiende al mundo entero como un todo.
191. Amo y cuido de los animales y plantas con los que he sido bendecido por tener y alimentar.
192. No soy descortés con las personas sin importar su estatus o situación.
193. Me rodeo de personas que amo y me importan, pero también tomo mi tiempo para alimentar mi relación conmigo mismo.

CAPÍTULO SIETE

AFIRMACIONES POSITIVAS PARA LA PAZ MENTAL

1. Estoy en paz.
2. A medida que me vuelvo más y más consciente de mí mismo en la eterna conciencia, me vuelvo más pacífico y estoy en paz con todo lo que sucede en mi vida.
3. La realidad física refleja esta paz para mí.
4. Mis relaciones son amorosas y armoniosas.
5. Soy un canal para amar la energía pacífica.
6. Estoy en armonía y en paz a pesar de lo que me rodea.
7. Mi cuerpo está relajado. Mi alma está en paz. Mi mente está en calma.
8. Mi intuición y sabiduría interior me guían en cada situación.
9. La vida siempre quiere lo mejor para mí.
10. Los retos a los que me enfrento son oportunidades de crecimiento.
11. Cada vez que exhalo, exhalo tensiones y ansiedades.
12. Cada situación me ayuda a estar mejor.
13. Soy calmado, paciente y tengo el control de mis emociones.
14. Mientras más doy, más recibiré.
15. Mis pensamientos negativos y autorreflejos personales se han ido.
16. Mi fuerza es más fuerte que mi ansiedad.
17. Dejo atrás el estrés para tener paz.
18. Mis pensamientos son positivos y están llenos de alegría.
19. Estoy a salvo. Confío en la vida y confío en mí mismo.

20. Me siento maravillosamente tranquilo y relajado.
21. Dejé ir todo lo que me preocupaba. Me enfrentaré a estos retos mañana.
22. Mi mente está en paz.
23. Mi mundo es un lugar pacífico, amoroso y lleno de alegría para vivir.
24. Siembro semillas de paz dondequiera que voy.
25. Me rodeo de personas pacíficas.
26. Mi ambiente de trabajo es tranquilo y pacífico.
27. Respiro paz, exhalo caos y desorden.
28. Mi casa es un santuario tranquilo donde me siento seguro y feliz.
29. Elijo la paz en todo lo que digo y hago.
30. Libero la ira y las heridas del pasado y me lleno de serenidad y pensamientos pacíficos.
31. La paz desciende alrededor de mí ahora y siempre.
32. Envío paz al mundo desde mi interior.
33. Respondo pacíficamente en todas las situaciones.
34. Me baso en la experiencia del momento presente.
35. Estoy concentrado y comprometido en la tarea que estoy realizando.
36. Soy consciente de que todo está bien ahora mismo.
37. Estoy agradecido por este momento y encuentro alegría en él.
38. Estoy libre de ansiedad y una paz interna llena mi mente y mi cuerpo.
39. No soy mis pensamientos y presto atención a mis acciones sin juzgarlas.
40. Estoy plenamente presente en todas mis relaciones.
41. Soy único. Me siento bien por estar vivo y ser yo.
42. Encuentro una profunda paz interior dentro de mí mismo tal como soy.
43. Estoy completamente libre de dolor y mi cuerpo está lleno de energía.
44. Cada día estoy más y más tranquilo.

45. Estoy en el momento presente y libero el pasado para vivir plenamente el ahora.
46. Tengo un aura pacífica a mi alrededor y tengo influencia en los que me rodean.
47. La calma me invade cada vez que respiro profundamente.
48. Medito fácilmente sin resistencia ni ansiedad.
49. Estar calmado y relajado energiza todo mi ser.
50. Todos los músculos de mi cuerpo se liberan y relajan.
51. Toda la negatividad y el estrés se están evaporando de mi cuerpo y de mi mente.
52. Respiro relajación. Exhalo estrés.
53. Incluso cuando hay caos a mi alrededor, permanezco calmado y centrado.
54. Trasciendo el estrés de cualquier tipo. Vivo en paz.
55. Regreso al momento presente con tranqulidad y facilidad.
56. Todo está bien en mi mundo. Estoy tranquilo, feliz y contento.
57. Caigo en un sueño profundo y relajante.
58. Estoy en la búsqueda de mi paz.
59. Cada encuentro o interacción conmigo puede ser descrito como pacífico.
60. Busco activamente la paz en mí mismo y en las personas que me rodean.
61. Participo en actividades que producen un estado mental pacífico y claro.
62. He hecho las paces con los errores que cometí en el pasado. Me niego a ser consumido por la culpa por esas acciones.
63. Dedico tiempo a cultivar pensamientos y palabras que promuevan la paz de mi mente durante todo el día.
64. Cancelo cualquier vibración negativa que amenace mi mente.
65. He encontrado mi espacio feliz y lo guardo fervorosamente.
66. Me siento bendecido de vivir la vida que vivo hoy.
67. Vivo el momento y no estoy preocupado ni ansioso por lo que sucederá mañana.

68. Me libero de cualquier emoción negativa que me esté estresando.
69. Incluso en la tormenta permanezco en calma.
70. Soy tan fuerte como la Tierra, por lo tanto, permanezco inquebrantable ante las pruebas.
71. Entiendo que la vida es un ciclo de altibajos. Puedo estar abajo hoy pero definitivamente hay un mañana mejor y estoy tranquilo sabiendo esto.
72. Estoy arraigado en la realidad del conocimiento de que esto pasará también.
73. Mi mente es como un arroyo lento en un día soleado. Es clara, limpia y tranquila.
74. Mi cuerpo reacciona positivamente al estrés.
75. Reconozco los factores estresantes de mi entorno y los evito sabiamente.
76. Me rodeo de personas interesadas en mantener la paz.
77. Tengo la prudencia mental para planear con anticipación y salvarme de un estrés innecesario.
78. Soy la encarnación de una vida tranquila y racional.
79. No me preocupan las expectativas de los demás.
80. No me revuelco en el miedo de lo que podría o no suceder mañana.
81. Tengo el valor de aceptar las cosas que no puedo cambiar en mi vida.
82. He creado exitosamente una atmósfera que es tranquila y serena en todos los lugares a los que voy.
83. Situaciones que normalmente provocaban pánico y ansiedad han perdido su control sobre mí.
84. Me alejo de las personas que se empeñan en robarme mi paz.
85. La paz que experimento a diario no es algo inconstante. Es tan sólido como una roca.
86. Hoy elijo experimentar la paz.
87. Soy un conducto para la paz y la armonía en mi mundo.
88. Reconozco y acepto mi responsabilidad como un ser de paz.

89. Hago el esfuerzo de asegurar que se mantenga la paz en todas mis relaciones.
90. Las decisiones que tomo hoy en mi vida traen paz a mi mente y a mi alma.
91. Me elevo por encima de las pruebas de la vida que me causan ansiedad y me consuelo en la alegría que promete el mañana.
92. Cuando surgen problemas no me dejo llevar por el pánico.
93. Mis acciones no están motivadas por el miedo, más bien pienso claramente.
94. Tengo una mente sana. Me niego a tener miedo.
95. Los eventos en mi vida hoy liberarán un torrente de paz y serenidad.
96. El universo está colaborando con todas las fuerzas positivas de mi vida para asegurar que mi paz mental se mantenga.
97. Soy consciente de los beneficios de vivir en este lugar de serenidad y hago todo lo que está a mi alcance para protegerlo.
98. Los acontecimientos de este día no pueden comprometer la paz que conozco.
99. La paz fluye en mi vida hoy como una corriente interminable de agua.
100. Tengo la mente despejada.
101. Estoy en paz con todos, incluso con las personas que se consideran mis enemigos.
102. La paz que experimento está arraigada en fuentes que van más allá de mis circunstancias
103. Soy capaz de reconocer las relaciones saludables en mi vida a través de la paz mental que experimento en ellas.
104. Rodeo mi corazón y mi mente con una cobertura que la protege de pensamientos o emociones negativas.
105. Participo consistentemente en prácticas que promueven mi paz mental.
106. Hoy me niego a estar ansioso.

107. Todos los días tomo la decisión de involucrarme conscientemente en emociones que son más productivas que la preocupación y la ansiedad.
108. Hoy me niego a preocuparme por cosas sobre las que no tengo ningún control.
109. Estoy reemplazando la carga de mis miedos con el flujo constante de paz en mi vida.
110. No me detengo en los miedos del mañana, sino que vivo en la alegría del momento.
111. Estoy haciendo un esfuerzo consciente en no posponer mi felicidad por miedos y preocupaciones.
112. Declaro que mi día sea en paz.
113. Soy un embajador de la paz.
114. He aprendido a evitar situaciones que me roban la paz.
115. Cada vez que inhalo, siento paz y restablezco la serenidad de la mente, mientras que cada vez que exhalo, dejo de sentir miedo y ansiedad.
116. A medida que controlo mi respiración, puedo controlar cualquier emoción que despierte el pánico y la ansiedad dentro de mí.
117. Estoy bien informado en cuanto a prácticas, afirmaciones y acciones que me calman en caso de un ataque de pánico.
118. Mi mente es un lugar sano, rico en paz y felicidad.
119. Tengo todos los recursos que necesito para crear un ambiente y una atmosfera pacífica en casa.
120. Mi casa está impregnada de tanta paz y serenidad que la gente olvida sus problemas en el momento en que entra en ella.
121. He superado mis miedos y he encontrado consuelo en la voz interior.
122. Soy capaz de encontrar la paz incluso cuando llega la oscuridad.
123. Los dolores y ansiedades con los que he luchado en el pasado ya no controlan mi estado de ánimo.

124. Conecto la tranquilidad de la que disfruto hoy a la fuente universal de la paz.
125. Mi mente no es como un barco que es golpeado y sacudido en el mar con cada ola o tempestad que viene, sino que estoy parado como una montaña...inquebrantable e inamovible.
126. La paz mental que experimento es genuina.
127. Los asuntos de la vida no pueden impedirme vivir la felicidad.
128. Mi felicidad y mi paz van de la mano, ya que no experimento una sin la otra.
129. He elegido este día para tener paz mental porque merezco ser feliz.
130. Hay tanta paz y felicidad en mi interior que no necesito buscar la felicidad en el exterior.
131. Ya no estoy decepcionado por las acciones de otras personas, ya que he optado por dar un mayor valor a mi felicidad y a su procedencia.
132. Mi vida es una marcha constante de alegría, felicidad, paz y bienestar, y yo estoy en el centro de todo ello.
133. No vivo mi vida con remordimientos. He tomado las decisiones que he tomado, y he tomado las acciones que he tomado. Y hoy he hecho las paces con todos ellos.
134. Estoy dando el paso deliberado de sembrar semillas hoy que producirán beneficios en mi futuro mañana, dándome una plataforma para liberarme de la ansiedad.
135. La paz y la tranquilidad que experimento es contagiosa. Las personas que entran en contacto conmigo reflejan inmediatamente la tranquilidad que siento.
136. Tengo una visión vívida del futuro que deseo, por lo tanto, ni siquiera las circunstancias oscuras pueden sacudirme.
137. Conozco mi lugar en el universo y he llegado a un lugar de aceptación del mismo.
138. Tengo una muy buena comprensión de mi propósito en la vida, así que no estoy ansioso por ello.
139. No tengo miedo de los desafíos que se avecinan.

140. Sé que me espera una victoria triunfal, así que ni siquiera este fracaso actual puede detenerme.
141. Soy lo suficientemente sabio como para saber que ceder ante mis miedos es aceptar un posible resultado que aún no ha sido determinado.
142. Hoy elijo aceptar la posibilidad de que todo vaya bien conmigo.
143. He entrenado con éxito a los leones que merodean en mis pesadillas y he convertido mis miedos en un podio para el triunfo de manera exitosa.
144. Preocuparme no tiene sentido, así que he decidido no perder el tiempo en ello.
145. Soy una fuerza pacífica a la que hay que tener en cuenta, nada puede detenerme.
146. Estoy tranquilo y sereno ante los problemas.
147. Soy capaz de tomar decisiones racionales de manera consistente porque no opero desde un lugar de caos.
148. Soy un compañero fiable, capaz y fuerte en tiempos de crisis porque siempre estoy tranquilo.
149. Soy capaz de tamizar entre los escombros para tomar una decisión clara y concisa.
150. Mi vida ahora mismo es una manifestación constante de paz y felicidad.
151. Puedo ver la luz al final del túnel incluso en la noche más oscura.
152. Dejor ir la ansiedad y acepto la calma.
153. Dejo ir el miedo y acepto el coraje.
154. Dejo ir la preocupación y acepto la confianza.
155. Dejo ir el pánico y acepto la quietud.
156. Dejo ir el caos y acepto el orden.
157. Dejo ir el dolor y acepto la curación.
158. Dejo ir el dolor y acepto los benditos recuerdos.
159. Dejo ir la tristeza y acepto la alegría.
160. Dejo ir la angustia y acepto el amor.
161. Dejo ir la culpa y acepto la libertad.

162. Dejo ir el odio y abrazo la aceptación.
163. Dejo ir la avaricia y acepto la satisfacción.
164. Dejor ir la oscuridad y acepto la luz.
165. Dejo ir el odio a mí mismo y acepto el amor a mí mismo.
166. Dejo ir la falsedad y acepto la autenticidad.
167. Dejo ir las expectativas y acepto las posibilidades.
168. Dejo ir las pérdidas y acepto la recuperación.
169. Dejo ir la gloria pasada y acepto mis viajes futuros.
170. Dejo ir los errores y acepto las perspectivas.
171. Dejo ir la indulgencia excesiva y acepto la moderación.
172. Dejo los celos y acepto la confianza.
173. Dejo ir la ira y acepto el remordimiento.
174. Dejo ir los fracasos y acepto las lecciones.
175. Dejo ir el miedo y acepto sorpresas hermosas.
176. Dejo ir las distracciones y acepto las cosas que me interesan.
177. Dejo ir la agresión y acepto la unidad.
178. Dejo ir la melancolía y acepto el optimismo.
179. Dejo ir las excusas y acepto los logros.
180. Dejo ir los pensamientos amargos y acepto los recuerdos positivos.
181. Dejo ir la vergüenza y acepto mi singularidad.
182. Dejo ir mi pobre autoestima y acepto el poder dentro de mí.
183. Dejo ir la desaprobación y acepto lo asombroso que soy.
184. Dejo ir el control y acepto la fluidez.
185. Dejo ir el orgullo y acepto la humildad.
186. Dejo ir la confusión y acepto la solidez de la mente.
187. Dejo ir las críticas y acepto la autofirmación positiva.
188. Todo lo que necesito hacer ahora mismo es respirar.
189. Estoy en un espacio seguro y me rodea una energía cálida y positiva.
190. Suelto cualquier carga que haya afectado mi sueño.
191. Me acuesto sabiendo que todo va bien en mi mundo.
192. Estoy en paz y con mucho sueño. Estoy listo para quedarme dormido.

CAPÍTULO OCHO

AFIRMACIONES POSITIVAS PARA LA ESPIRITUALIDAD

1. Lo divino guía todas mis acciones.
2. Soy un ser espiritual que es guiado divinamente.
3. Estoy alineado con el universo.
4. La gracia y el amor de Dios están obrando a través de mí.
5. Emito amor y alegría, presencia y apertura total hacia todos los seres.
6. Todos los problemas son ilusiones de la mente y estoy lo suficientemente iluminado para reconocerlo.
7. Soy una fuente de luz. No contamino mi bello y radiante Ser Interior ni la Tierra con negatividad. No transmito desdicha en ninguna forma, en absoluto. Yace un hogar dentro de mí.
8. Mi paz es tan vasta y tan profunda y arraigada en lo sobrenatural, que todo lo que no es paz, desaparece en ella como si nunca hubiera existido.
9. Soy lo suficientemente espiritual como para encontrar una expresión creativa para mí mismo.
10. Ninguna acción negativa que se me haya hecho nunca, o que yo haya hecho a otros, puede tocar, ni siquiera de la más mínima manera, la esencia radiante de quien soy realmente.
11. Soy una creación Divina, una pieza vital de Dios, por lo tanto, no puedo ser indigno.
12. Soy empático y compasivo. Percibo las experiencias de los demás tan agudamente al igual que siento las mías.
13. Debido a que estoy espiritualmente en sintonía, soy lo suficientemente poderoso para superar la negatividad.
14. Estoy conectado a una fuente de abundancia ilimitada.

15. Tengo la capacidad de realizar cualquier tarea que me proponga con facilidad y comodidad.
16. Mi enfoque no está en el millón de cosas que pueda tener que hacer en el futuro, sino en la única cosa que puedo hacer ahora mismo.
17. Tengo acceso a ayuda ilimitada. Mi fuerza viene de mi conexión con mi Fuente de ser.
18. Estoy contento con lo que tengo. Me regocijo en la forma en que son las cosas porque tengo la previsión espiritual de saber que todo lo que hago será a mi favor.
19. Me relajo y dejo de lado todas mis cargas, permitiendo que Dios exprese su perfecto amor, paz y sabiduría a través de mí.
20. Me doy cuenta de que no falta nada. Todo el mundo me pertenece.
21. Dios está dentro y alrededor de mí protegiéndome; así que voy a desterrar el temor que excluye Su luz guía.
22. Soy un ser infinito. La edad de mi cuerpo no tiene nada que ver con lo que hago o lo que soy.
23. El poder sanador del Espíritu está fluyendo a través de todas las células de mi cuerpo.
24. En todas mis células brilla la luz sanadora de Dios. Mis células están completamente bien, pues Su perfección está en ellas.
25. La salud perfecta de Dios impregna los rincones oscuros de mi enfermedad corporal.
26. Mientras despejo mi vida, me libero para responder a los llamados de mi alma.
27. Diariamente buscaré la felicidad cada vez más en mi mente, y cada vez menos a través de los placeres materiales.
28. Tengo paciencia infinita cuando se trata de cumplir con mi destino ordenado por Dios.
29. Estoy constantemente sumergido en la luz eterna.
30. Vivo en el momento presente agradeciendo todas las experiencias de mi vida cuando fui un niño.

31. Estoy hecho de la sustancia universal de Dios.
32. Ser yo mismo como fui creado no implica ningún riesgo. Es mi última verdad y vivo en ella sin miedo.
33. Con la espada de devoción al Dios que sirvo fervientemente, corto todas las cuerdas del corazón que me atan a cualquier delirio sobre mi verdadera esencia.
34. Purificaré mi mente y me vaciaré de miedo con el pensamiento de que Dios está guiando cada uno de mis movimientos.
35. La luz del Universo impregna cada partícula de mi ser.
36. Yo estoy con Dios y Dios está siempre conmigo.
37. Con un amor profundo y sincero, pongo mi corazón a los pies del Omnipresente.
38. El amor de Dios está obrando a través de mí ahora y siempre.
39. Soy una extensión del amor de Dios.
40. Siempre me esforzaré por ayudar a sonreír a las personas que lloran, sonriéndome yo mismo, incluso cuando sea difícil hacerlo.
41. El Espíritu Divino es omnipresente. Lo sentí alrededor de mí y estoy guiado en cada paso de este viaje llamado vida.
42. Estoy viviendo en esa luz. El Espíritu Divino me llena por dentro y por fuera.
43. Todos mis pensamientos, palabras y acciones son guiados divinamente.
44. Dios es el pastor de mis pensamientos inquietos. Él los guiará a su morada de paz.
45. El Universo provee todas mis necesidades natural y gratuitamente. Así que no estoy preocupado.
46. Soy fuerte en mi fe y en mis creencias.
47. Soy un ser espiritual teniendo una experiencia humana.
48. Mi mente y cuerpo están en completa alineación con el Universo y siempre estoy fluyendo.
49. Mi espiritualidad expresa mi fe en mi Dios audazmente.
50. Mi fe y mis creencias están vivas para mí.

51. Soy responsable de mi propio crecimiento espiritual.
52. Soy valiente en el conocimiento del poder divino y el amor que está despierto dentro de mí.
53. Agradezco la divinidad que he elegido reconocer.
54. Las palabras que alimentan mi crecimiento espiritual cobran vida en todas las áreas de mi vida.
55. Confío en que todo en mi vida está trabajando para mi mayor bienestar y estoy recibiendo todo lo que se supone que debo tener.
56. Mi fe y mi espiritualidad siguen siendo inquebrantables.
57. Mi fe en lo divino me mantiene humilde.
58. Soy una expresión divina de un Dios amoroso.
59. Doy gratitud y alabanza a Dios en las más altas esferas.
60. Mi vida se caracteriza por una expresión de la divinidad de Dios.
61. Me baso en los principios que guían mi fe. Dejé ir el miedo. Dejé ir el dolor. Vivo enamorado.
62. Cada día me fortalezco más y más en mi fe.
63. Mi espiritualidad se inspira en una profunda fe en Dios y en todas las cosas divinas.
64. Mi fe me rodea y me completa.
65. Las personas con las que me encuentro reconocen mi fe y se inspiran en ella.
66. Soy una persona amorosa y amable que perdona de acuerdo con mi naturaleza espiritual.
67. Mi fe en Dios me da valor y confianza.
68. Presto tanta atención a mi salud espiritual como a mi salud mental y física.
69. Sé que puedo dominar cualquier cosa con la guía divina.
70. Soy guiado por una fuerza superior a mí mismo.
71. El amor de Dios fluye a través de mí. Yo soy Suyo, Él es mío.
72. El amor de Dios irradia a través de mí.
73. Dios me ama completa y sanamente.
74. Soy el amor personificado.

75. El plan universal de mi vida está lleno de amor, paz y alegría.
76. Mi casa está llena del amor de Dios.
77. Me rindo a Dios. Él siempre está conmigo. Sólo cumplo sus órdenes.
78. Canalizo la energía y el amor del infinito.
79. Pido perdón a todos aquellos a los que he ofendido y perdono a todos aquellos que me han ofendido...
80. Mi fe en Dios eleva a los que me rodean.
81. Mi fe en un espíritu superior me mantiene anclado.
82. La religión para mí es una forma de vida. Es una forma de vivir una vida moral y éticamente correcta.
83. Mi Fe es el fundamento de mi Vida y vivo mi Vida de acuerdo a mi Fe en Dios.
84. Estoy comprometido con Dios y Dios está comprometido conmigo también.
85. Estoy rodeado del amor de Dios.
86. Mi espíritu superior me guía en la dirección de mis sueños.
87. Cuando amo más a la gente, recibo aún más amor del universo a cambio.
88. Mi relación con Dios es una relación poderosa.
89. Mi fe en Dios me libera de toda preocupación, ansiedad y duda.
90. Todo está bien.
91. Me dejo llevar y pongo mi vida en las manos de Dios para que me guíe y me lleve de la mano.
92. Cuando mis intenciones son claras, el Universo coopera conmigo y puedo lograr cualquier cosa.
93. Sólo pienso en cosas positivas y el universo se asegura de que sucedan cosas positivas en mi vida.
94. Siento una esencia espiritual que siempre está conmigo guiándome.
95. Mi fe me eleva por encima de mis miedos.
96. Estoy junto con lo Divino aquí y ahora.
97. Respiro mi vitalidad espiritual y me siento vivo cada día.

98. Estoy alineado con mi propósito superior.
99. Creo que el camino de Dios para mí es abundante y alegre.
100. Todo es posible en el nombre de Dios, nuestro Padre.
101. Confío en que todos los acontecimientos de mi vida se desarrollen como deben ser.
102. Así como yo amo a todas las criaturas, ellas permanecen en amor hacia mí.
103. Yo amo con el perfecto Amor de Dios. Veo con los ojos perfectos de Dios.
104. Respetuosamente pido la guía divina en todas las áreas de mi vida.
105. El Espíritu divino está guiando mis pasos ahora y todo se está desarrollando para mi bien.
106. Soy fuerte en mi fe de un poder superior.
107. El Universo me guía y formo parte de un plan mayor.
108. Yo creo el plan perfecto para mi vida eligiendo los pensamientos perfectos.
109. Las experiencias de mi vida me llevan a estar más cerca de Dios. Dios sabe cuál es el mejor regalo posible para mí en cualquier momento.
110. Soy un canal perfecto y abierto para la Paz divina, el Amor divino, la Abundancia divina y la Inspiración divina.
111. Toda la creación está conspirando por mi bien.
112. Soy un ganador y sólo atraigo el éxito a través del poder de mi fe.
113. Soy un imán para las cosas buenas ilimitadas de Dios y las atraigo sin esfuerzo y fácilmente.
114. Abro mi mente y mi corazón al amor perfecto de Dios.
115. Acepto con gratitud la totalidad y salubridad de todos mis buenos beneficios.
116. Hoy cuando Dios abra las ventanas del cielo y me derrame una bendición, hago espacio para recibirla.
117. El divino gobernante del universo me da todo lo que quiero y necesito.

118. Busco una relación auténtica con Dios.
119. Sé que mi luz brilla porque la Luz Divina dentro de mí está siempre brillando.
120. Pongo mi vida en las manos del Amor Infinito y de la Sabiduría Divina.
121. Los secretos de la eternidad son revelados ante mí ahora y se han convertido en mi realidad.
122. El Amor infinito fluye a través de mí, dentro de mí.
123. Soy una manifestación de la presencia divina.
124. Ahora estoy atrayendo todo lo que necesito sin esfuerzo y con facilidad.
125. Mi fe me hace sentir completo en espíritu, alma y cuerpo.
126. Todo lo que busco ahora me busca a mí.
127. Yo elevo a Dios por todo lo alto y él me eleva a mí.
128. Soy parte de un mundo espiritualmente encantado lleno de oportunidades e ideas emocionantes.
129. Cada una de mis experiencias espirituales está llena de alegría.
130. Sé exactamente qué hacer y cómo hacerlo en todo momento. Soy espiritualmente sabio y estoy en sintonía.
131. Acepto el glorioso desorden que mi vida puede parecer ahora, y lo ofrezco como una oración de gratitud.
132. Mi vida pertenece a Dios.
133. Abro las puertas que conducen a mis buenos beneficios y reclamo mi herencia divina.
134. Cada célula de mi cuerpo está funcionando en perfecto orden Divino.
135. El mundo que me rodea es mi patio de recreo, y encuentro alegría en cada experiencia.
136. Estoy orgulloso de ser parte de la naturaleza. Mi mundo está lleno de océanos de amor y montañas de coraje.
137. Mi fe y discernimiento espiritual crean mi realidad.

138. Tengo muchos puntos fuertes y talentos inspirados por la naturaleza. La naturaleza me ayuda a entender que soy parte de un mundo infinito.
139. Ahora estoy envuelto por lo Divino, abrazado y acariciado, nutrido y protegido.
140. Soy la expresión de un Dios amoroso.
141. El Espíritu divino está siempre a mi alrededor.
142. Soy perfecto a los ojos de lo divino.
143. Permanezco en la perfecta integridad de la creación.
144. Estoy donde el universo quiere que esté.
145. Me deleito en la gracia y misericordia de Dios.
146. Soy un ser eterno con posibilidades infinitas a mi alrededor.
147. Sobresalgo viviendo la Vida perfecta como fue diseñada por lo divino.
148. Dios es bueno.
149. El bien domina todas mis experiencias.
150. Soy un ser fuerte con muchas habilidades y destrezas.
151. Me siento inspirado a tomar la acción correcta, moral, ética y espiritualmente en cada momento.
152. Estoy enfocado en encontrar las mejores partes de la naturaleza y disfrutarlas.
153. Dios conoce mis necesidades y las satisface.
154. La divinidad habita en mí como el espíritu vivo que respira, por lo tanto, ahora estoy entero, perfecto y completo en todos los sentidos.
155. Sé que las personas que me rodean son también fuerzas mágicas de la naturaleza.
156. Dios vive dentro de mi corazón y en mi subconsciente.
157. Mi vida es parte de un tejido eterno que conecta al mundo.
158. Soy parte de un mundo hermoso que me da la bienvenida.
159. Dios dentro de mí es potente, poderoso e indetenible.
160. Creo en el poder creativo de la naturaleza para transformar mi vida.

161. Soy Divinamente guiado e inspirado en todo lo que pienso, hago y digo.
162. Mi vida se enriquece con las experiencias de otras personas.
163. El estudio, la oración y la meditación me preparan para vivir mi fe.
164. Soy una fuerza de la naturaleza con la capacidad de controlar mis circunstancias.
165. Mi fe me motiva a cuidar de mi bienestar.
166. Mi fe define mi vida y me da un propósito. Hago un llamado a mi fe para las tareas rutinarias y los pequeños gestos, así como para las grandes demandas.
167. Mi fe me anima a dar más. Comparto mi tiempo y recursos con mi familia, amigos y comunidad.
168. Estoy cobijado y envuelto por la Paz perfecta de Dios.
169. Construyo una base sólida que me inspira y me da poder.
170. Mi fe me llena de gratitud. Doy gracias por mis bendiciones.
171. Me siento en paz, tranquilo y alegre.
172. La naturaleza me da fuerza y energía para poder disfrutar del mundo que me rodea.
173. Mi fe aumenta mi paciencia. Acepto los retrasos y contratiempos como una parte natural de la vida. Mantengo la calma y me adapto a cualquier circunstancia que se me presente.
174. Mi fe juega un papel guía en mi vida diaria. Pongo mis creencias en acción.
175. Mi fe da forma a mi forma de hablar. Elijo palabras gentiles que transmiten mi respeto y afecto por los demás. Promuevo la paz y la armonía a través de la tolerancia.
176. Estoy cobijado por la misericordia del Espíritu.
177. Desarrollo el coraje y la sabiduría para superar los desafíos y uso mis dones espirituales para servir a los demás y crear una vida mejor para mí mismo.
178. Comprender y apreciar la naturaleza me hace feliz.

179. Construyo una base espiritual fuerte que me inspira y me da poder.
180. Hoy estoy centrado en mi corazón y más cerca del Espíritu.
181. Estoy perfectamente bendecido y soy una bendición perfecta para el mundo.
182. Hoy reconozco que soy una fuerza poderosa de la naturaleza. Mi vida está llena de oportunidades increíbles que la naturaleza hace posibles.
183. Sé que soy una fuerza eterna y soy parte de un mundo milagroso.
184. Dondequiera que voy, todo lo que veo, todo lo que experimento, es una prueba visible de que estoy apoyado y sostenido por la totalidad de la creación.
185. Mi corazón y mi vida están abiertos para recibir toda bendición divina.
186. El Espíritu de Dios interior conoce la manera perfecta de responder a cada una de mis necesidades y deseos, de esa manera, todas mis necesidades están cubiertas.
187. Ahora es el momento para estar bien.
188. Pido la guía Divina paciente y respetuosamente sobre cualquier cosa.
189. Estoy anclado en el amor. Estoy animado por el amor. Las alas del amor me elevan a la comunión perfecta con toda la vida en todas partes.
190. Vivo el momento y estoy agradecido por todas mis experiencias de vida. Todas ellas.
191. Me veo a mí mismo y la chispa de la divinidad en los demás.
192. Hoy demuestro mi fe. Mis acciones reflejan mis creencias.

CAPÍTULO NUEVE

AFIRMACIONES POSITIVAS PARA PROFESIONALES

1. Avanzo en mi carrera con cada acción que tomo.
2. Tengo el trabajo de mis sueños.
3. Amo cada día que trabajo.
4. Mi carrera me acerca a mi familia.
5. Mi trabajo me trae abundancia financiera.
6. A mis compañeros de trabajo les encanta estar cerca de mí.
7. Mi jefe valora el trabajo que hago.
8. Soy un empleado valioso.
9. Mis clientes aprecian y valoran mi trabajo.
10. Atraigo nuevos clientes todos los días.
11. Mi actitud positiva, confianza y trabajo duro atrae naturalmente nuevas oportunidades.
12. Estoy entusiasmado y emocionado con mi trabajo.
13. Mi entusiasmo por mi trabajo es contagioso.
14. Mi lugar de trabajo es tranquilo y lleno de amor.
15. Tomo decisiones con facilidad.
16. Hablo positivamente de mis compañeros de trabajo y ellos responden hablando positivamente de mí.
17. Afirmaciones de Trabajo y Carrera.
18. Mi trabajo añade satisfacción y plenitud a mi vida.
19. Estoy exactamente donde quiero estar. Mi carrera me proporciona las oportunidades adecuadas para crecer.
20. Soy valorado y apreciado en mi lugar de trabajo. Mi voz siempre es escuchada.

21. Pido un trabajo significativo y lo realizo con la mayor diligencia y atención.
22. Mi trabajo tiene un impacto profundo en este mundo.
23. Ahora mismo, el trabajo que estoy buscando me está buscando a mí.
24. Soy un gran empleado. Cualquier empleador tiene suerte de tenerme.
25. Soy una ventaja para cualquier organización y lo demuestro en cada entrevista.
26. Cada vez que me entrevistan para un trabajo, irradio confianza y energía.
27. Están apareciendo oportunidades increíbles en mi vida de la nada.
28. Estoy listo para mis entrevistas. Estoy seguro en mis entrevistas. Tengo éxito en mis entrevistas.
29. Estoy creando la carrera de mis sueños.
30. El cambio de carrera es una oportunidad para tener la carrera que quiero. Esta vez elijo una gran carrera para mí.
31. ¡No más excusas! Me merezco un trabajo que me satisfaga y estoy listo para encontrarlo.
32. Me comprometí a ser feliz en esta búsqueda de trabajo y mi determinación vale la pena.
33. Cada vez que digo "no" al trabajo equivocado, me acerco al trabajo perfecto.
34. Me veo en mi trabajo ideal.
35. Actúo con confianza y tengo un plan, y acepto que los planes están abiertos al cambio.
36. Me encantan los desafíos porque sacan lo mejor de mí.
37. Aprendo nuevos sistemas y procesos fácilmente y sin esfuerzo.
38. Soy amable, cariñoso y compasivo. Realmente me preocupo por los demás.
39. Tener confianza en mí mismo viene de forma natural. No necesito cuestionar mi confianza.

40. No necesito ser perfecto. Ya soy lo suficientemente bueno y soy digno de una gran vida.
41. No tengo necesidad de compararme con otras personas. Sólo me juzgo a mí mismo por mis propias normas de éxito. Soy suficiente tal como soy.
42. Canalizo amor, positividad y energía a toda la gente que me rodea.
43. Afirmaciones Positivas para Mujeres en el Trabajo.
44. Cuido de mí mismo y reconozco cuando necesito tomar un descanso. Me siento bien cuidando de mí mismo.
45. Soy exitoso y confío en mis habilidades para hacer mi trabajo.
46. Soy un miembro competente del equipo. Tengo el conocimiento y las habilidades que necesito ahora mismo.
47. Me muevo al ritmo perfecto. No necesito acelerar o desacelerar.
48. Abrazo el éxito. Las palabras "No puedo" no son algo que diga. Me niego a creer incluso mis propias excusas. Soy indetenible.
49. Me tomo mis metas muy en serio. Soy consciente de que mi tiempo en la tierra es finito. Respeto mi vida haciendo las cosas que amo.
50. Me niego a comprometerme demasiado. Puedo decir "no" cuando lo necesito. Protejo mi tiempo porque lo merezco y es invaluable.
51. Mi trabajo es un proceso de autotransformación que me trae paz interior, salud y prosperidad.
52. Estoy casi en la recta final. Sé que tengo lo necesario para alcanzar mis metas.
53. Mi trabajo duro, humildad y persistencia valdrán la pena. Nada de mi trabajo va a ser en vano.
54. La pasión que tengo por mi trabajo me permite crear verdadero valor. Tengo la suerte de tener un trabajo que me proporciona las finanzas que necesito para vivir una buena vida.

55. Trabajo muy duro y siempre hago mi mejor esfuerzo personal. Creo en mí mismo y sé que puedo hacer cualquier cosa. Me merezco todas las cosas positivas que me vienen en la vida.
56. El trabajo que hago beneficia a la sociedad en la que vivo, y soy una parte valiosa de mi comunidad.
57. No me rindo cuando las cosas se ponen difíciles. Sigo trabajando hasta que termino lo que empecé.
58. Mi trabajo es satisfactorio, inspirador y enriquecedor. No sólo me ayudo a mí mismo, sino que también ayudo a otros.
59. Me veo a mí mismo alcanzando la cima del éxito cuando lo imagino y trabajo duro todos los días hasta que estoy donde quiero estar en mi carrera.
60. Aporto algo único a la mesa que nadie más puede y que me hace especialmente valioso para mi empresa.
61. Soy un líder capaz. Otros se sienten atraídos por mi carisma en el trabajo y me admiran en tiempos de crisis.
62. Me mantengo fiel a mis valores y a mi ser auténtico. No me comprometo por nadie más. Mi éxito vendrá sin concesiones.
63. No necesito demostrar que valgo. Mi trabajo es suficiente para que la gente vea su valor. Las personas reconocen lo que valgo sin necesidad de que se lo digan.
64. Los éxitos de otras personas me permiten seguir creciendo. Estoy feliz por cualquiera que logre sus metas y me esforzaré por seguir logrando las mías.
65. Cultivo un sentido de gratitud y agradezco a los demás por su amabilidad en el trabajo.
66. Aprecio mi educación y la oportunidad de hacer un trabajo significativo.
67. No importa lo ocupado que esté, sigo involucrada activamente en mi comunidad. Consuelo a un amigo que se siente triste y ayudo a un vecino anciano con el trabajo de jardinería.
68. Mi misión más importante en la vida es ser fiel a mí mismo.

69. Acepto la energía que recibo del trabajo y de mis compañeros de trabajo.
70. Incluso cuando es poco común, elijo proteger y mantener mis creencias porque me mantienen como una persona honesta.
71. A veces mis compañeros de trabajo hacen que los nuevos empleados se sientan fuera de lugar. Evito unirme a ellos ayudando a que las personas nuevas se sientan bienvenidas.
72. La autodisciplina es mi fuerte. Me conduzco en el trabajo de manera profesional.
73. Sé cómo lograr un equilibrio saludable en la vida. En el lugar de trabajo, el trabajo es mi prioridad, y en casa, la familia es mi prioridad.
74. Soy conocido por ser trabajador y por aprovechar todas las oportunidades que se me presentan.
75. Soy un maestro de ventas para la compañía para la que trabajo.
76. La carrera para mí es un medio para alcanzar un fin. Ese fin es la felicidad y la realización del potencial y mi carrera me lo está proporcionando en abundancia.
77. Siempre estoy listo para aprender y crecer en mi trabajo.
78. La diligencia en el trabajo, la honestidad en la actitud y un estado de ánimo positivo me abren nuevos horizontes en mi carrera.
79. Los frutos de mi trabajo son siempre tan dulces y gratificantes.
80. Mi principal objetivo es la satisfacción de mis clientes y me esfuerzo al máximo para conseguirlo.
81. Acepto comentarios constructivos y los pongo en práctica para mi beneficio.
82. Hoy veo la forma en que este trabajo contribuye a mi crecimiento.
83. Trabajo duro en lo que hago. Trabajo inteligentemente con sabiduría y aplico mis habilidades, merezco los elogios que me gano.

84. Soy un apasionado de mi trabajo. Reconozco y aprovecho las oportunidades cuando aparecen.
85. Los clientes a los que me dirijo en nombre de la empresa me quieren y confían en mí y, como resultado, mi lista de pedidos está repleta.
86. Siempre estoy entusiasmado y mi entusiasmo se transmite a mis compañeros de trabajo y esto se traduce en un día de trabajo productivo para todos nosotros.
87. Siempre atraigo a los mejores proyectos y a las mejores personas para que los ejecuten debido a mi actitud mental positiva.
88. No me siento frustrado porque tengo la libertad de mantener este trabajo o de encontrar uno mejor cuando quiera.
89. Mi carrera es lo que hago de ella y hoy he tomado la decisión de hacer de ella una experiencia feliz y exitosa.
90. Hoy puedo ver la forma en que este trabajo contribuye a mi bienestar financiero.
91. Mi carrera es sólo mía y hoy me hago cargo de ella.
92. Sé que estoy bendecido con el trabajo que tengo. Me recuerdo a mí mismo que debo estar contento con lo que tengo.
93. Hoy elijo centrarme en la positividad y disfrutar de la belleza que me rodea. Doy un paseo por mi barrio para maravillarme con la naturaleza y renovar mi energía.
94. Me convertí en un (inserte el puesto de trabajo actual) para marcar la diferencia y hoy estoy aprovechando todas las oportunidades para hacerlo.
95. Al alinear mi carrera con mis verdaderos talentos, pasiones y habilidades, el dinero que deseo y la felicidad de la realización fluyen hacia mí.
96. Estoy feliz de que el trabajo que hago me beneficie a mí y a la sociedad en la que vivo.
97. Soy una persona valiosa en mi lugar de trabajo y mi voz siempre se escucha con respeto.
98. Subo en la escalera corporativa con integridad y confianza.

99. Reconozco mi potencial en este lugar y celebro mis logros.
100. Soy capaz de equilibrar mi carrera con mi vida familiar para que ambos estén en armonía el uno con el otro.
101. Moldeo mi carrera actual para que coincida con mis metas en la vida.
102. Estoy atrayendo a mi vida el trabajo de mis sueños y el trabajo más adecuado para mí.
103. Estoy manifestando el trabajo de mis sueños.
104. Siempre veo posibilidades, me niego a ver callejones sin salida en mi carrera.
105. Me gusta trabajar en el trabajo de mis sueños.
106. Fuera del trabajo, tengo un fuerte sistema de apoyo. Valoro a mi familia y a mis amigos. Les hago saber que son una parte vital de mi vida.
107. Estoy consciente de que el Universo está haciendo todos los arreglos perfectos para el trabajo de mis sueños.
108. No estoy únicamente centrado en mí mismo y en el crecimiento de mi carrera. Comparto mis riquezas, mi tiempo y mis ideas con los demás.
109. Una gran empresa me ha ofrecido un trabajo de ensueño.
110. Tengo una gran relación con la gente con la que trabajo, al igual que con mi jefe.
111. He encontrado un trabajo rentable y me encanta trabajar allí.
112. Hoy mis afirmaciones me atraen el trabajo que me gusta hacer.
113. Pensar en mis victorias recientes aumenta mi confianza y me inspira a apuntar más alto.
114. Hoy declaro que estoy trabajando en una empresa de éxito, en un lugar de trabajo excelente con gente maravillosa.
115. Estoy atrayendo el trabajo adecuado a mi vida.
116. Hoy decido crecer y mejorar a través de la colaboración con mis colegas.
117. Estoy manifestando un gran trabajo que me encanta y disfruto, y mi trabajo me está trayendo mucho dinero.

118. Las puertas de las oportunidades se abren para mí en este día.
119. Soy el motor del éxito de mi carrera.
120. Estoy haciendo las conexiones correctas en el trabajo.
121. Soy un (insertar un puesto de trabajo de ensueño) de clase mundial y se me presenta la oportunidad de demostrarlo todos los días.
122. He encontrado el trabajo soñado para mí. Estoy en el lugar correcto y me gusta la gente con la que trabajo.
123. Estoy trabajando en el trabajo de mis sueños ahora mismo.
124. Manejo el estrés en el trabajo escuchando música que alivia mi tensión y me anima.
125. Hoy y todos los días utilizo mis talentos en formas productivas.
126. Mi ética de trabajo asegura que obtenga promociones regulares e incentivos monetarios.
127. Asumo toda la responsabilidad de mi trabajo.
128. Estoy emocionada por tener este trabajo y trabajo diligentemente para sacarle el máximo provecho.
129. No hay límites a la grandeza que logro.
130. Mi empatía por los demás está viva incluso en el trabajo. Intervengo cuando un compañero de trabajo está abrumado y me tomo tiempo para escuchar cuando un amigo está pasando por un momento difícil.
131. Siempre trabajo para jefes increíbles.
132. Cuido bien a mis hijos menores y los guío adecuadamente. Soy amigable con mis colegas y respetuoso con mis mayores.
133. Estoy trabajando en el trabajo de mis sueños.
134. Me abro para recibir la oferta de trabajar en un trabajo de ensueño.
135. Pongo mucho valor y esfuerzo en comprometerme con las cosas en las que creo.
136. Mi trabajo no me define, pero tengo el poder de definir mi trabajo.

137. Hoy veo la forma en que este trabajo contribuye a mi felicidad.
138. Mi empleo ideal me está llegando ahora mismo.
139. Amo y disfruto de mi trabajo porque en él me siento realizado.
140. Mis conocimientos, sabiduría y habilidades me ayudan a hacer una contribución valiosa a mi trabajo, a la sociedad y a mantener a mi familia.
141. Soy el director de mi carrera y tomo la iniciativa de tener la carrera que quiero.
142. Estoy trabajando en un trabajo que me encanta y estoy recibiendo un salario muy atractivo.
143. El ambiente de mi lugar de trabajo no es tóxico y como resultado, crezco en mi carrera.
144. Tengo un potencial ilimitado y el trabajo de mis sueños me está buscando.
145. Estoy trabajando en un empleo que me gusta y disfruto, y que es muy satisfactorio y pleno todos los días.
146. Me encanta y disfruto de mi trabajo. Mi trabajo me está trayendo mucho dinero y alimenta mi pasión.
147. Cuando surgen desafíos profesionales, mantengo mi atención centrada en las cosas buenas que suceden en mi lugar de trabajo.
148. Confío en mis capacidades y habilidades para atraer el trabajo de mis sueños.
149. Soy un gran empleado. Cualquier empleador tiene suerte de tenerme.
150. Soy una ventaja para cualquier organización y lo demuestro en cada entrevista.
151. Soy apreciado y recompensado dondequiera que trabaje.
152. Soy plenamente yo mismo y completamente auténtico en mi carrera.

153. No es lo que hago, sino cómo lo hago… Trato cada tarea como una oportunidad para crear más belleza, abundancia y alegría.
154. Hoy abandono los hábitos de mi antiguo trabajo y tomo unos nuevos más positivos.
155. Hago lo mejor que puedo en mi carrera y doy todo de mí sin reservas.
156. Oportunidades laborales icnreíbles están apareciendo en mi vida de la nada.
157. El Universo está haciendo los arreglos perfectos para encontrar el empleo adecuado para mí.
158. Estoy atrayendo las oportunidades de trabajo más adecuadas.
159. La felicidad de mi carrera es una elección que hago todos los días.
160. Estoy abierto a nuevas oportunidades que me llevan a conseguir el trabajo de mis sueños.
161. Tengo confianza irradiando lo que soy en todas las situaciones del trabajo.
162. Me encanta mi carrera ya que me permite crecer y me hace económicamente abundante.
163. Mis errores no me definen ni dictan mi éxito futuro.
164. Merezco tener una carrera emocionante y gratificante. Es muy satisfactorio.
165. Estoy profundamente satisfecho con todo lo que hago.
166. Lo que hago en mi trabajo hace una diferencia al menos para una persona en el mundo. Trabajo sabiendo esta verdad.
167. Comparto mis dones con el mundo desinteresadamente y doy permiso a otros para hacer lo mismo.
168. Enseño a mis compañeros a creer en mí al creer en mí mismo.
169. La alegría que encuentro en mi carrera se refleja en mi felicidad general.

170. Estoy agradecido por la incomodidad de crecer en mi carrera, mientras me expando para crear todo lo que he deseado.
171. Soy enérgico y entusiasta con mi trabajo. La confianza es mi segunda naturaleza.
172. Tengo el coraje de ir tras lo que realmente quiero.
173. Ahora mismo el trabajo que estoy buscando me está buscando a mí.
174. Todos los días aprovecho más de mi potencial
175. Elijo la comunidad por encima de la competencia en mi trabajo y en mi vida.
176. Sirvo a los demás con disposición, amablemente y con gratitud.
177. La armonía impregna mi experiencia y mi trabajo fluye de manera productiva y alegre.
178. Merezco trabajar en un trabajo de ensueño.
179. El cambio es constante en mi carrera y en mi vida. Acepto el cambio y lo aprovecho al máximo.
180. Tengo todo lo que necesito para crear mis propias oportunidades en el trabajo.
181. Manifesto oportunidades inesperadas todos los días porque estoy alineado con mi llamado.
182. Me siento tranquilo y cómodo hablando frente a mis colegas. Tengo confianza en mí mismo, por lo tanto, me relaciono fácilmente con ellos.
183. He encontrado mi empleo ideal.
184. Estoy abriendo mi conciencia a una mayor prosperidad y parte de esa prosperidad es un aumento de salario.
185. Siempre estoy abierto a oportunidades para conseguir un empleo ideal.
186. Hoy estoy atrayendo a mi vida el mejor y más adecuado empleo para mí.
187. Estoy creando y construyendo la carrera de mis sueños.

188. Estoy listo para mis entrevistas. Tengo seguridad en mis entrevistas. Tengo éxito en mis entrevistas.
189. Acepto la crítica constructiva y la recibo con superación personal.
190. Estoy en un lugar de trabajo que me encanta, y mi trabajo me da satisfacción y un buen salario.
191. Ahora estoy manifestando una oportunidad para un trabajo maravilloso y bien remunerado.
192. Ofrezco crítica constructiva para ayudar a los demás a mi alrededor.

CAPÍTULO DIEZ

AFIRMACIONES POSITIVAS PARA LA CREATIVIDAD

1. Aprovecho la fuente universal de inspiración para incrementar mi creatividad.
2. Accedo y uso la energía vibrante que me rodea en todos los niveles.
3. Canalizo las fuerzas positivas de la vida a mi alrededor para incrementar mi propia creatividad y convertirme en un individuo más expresivo.
4. Invoco la energía creativa de las estrellas y los planetas para que me rodeen y me llenen.
5. Cada ser tiene energía creativa del universo y yo tengo acceso a la fuente.
6. Acojo nuevas fuentes de energía a medida que crezco y me vuelvo más fuerte. La tierra, el agua y el aire están llenos de fuerzas poderosas que puedo usar.
7. Ser positivo mejora mi creatividad.
8. Me inspiro en el mundo que me rodea. Me brinda fuerza para que mis habilidades crezcan y cambien.
9. Soy un creador poderoso y creo la vida que quiero empezando por el día de hoy.
10. El artista ya está presente dentro de mí.
11. Estoy inspirado, soy creativo y productivo.
12. Se me ocurren ideas nuevas e innovadoras fácilmente.
13. Soy un visionario.
14. Las ideas grandes vienen a mí fácilmente.

15. Soy parte de un universo infinito con un suministro interminable de creatividad.
16. Hacer tareas repetitivas libera mi mente para pensar en soluciones creativas a los problemas.
17. Soy un imán para las ideas innovadoras.
18. Hay una reserva interminable de creatividad dentro de mí.
19. El universo hermoso que me rodea tiene energía abundante que puedo usar.
20. Encuentro soluciones originales a los problemas.
21. Tengo una mente aventurera e imaginativa.
22. Estoy agradecido por las ideas creativas que llegan a mí.
23. Sigo mis inclinaciones creativas.
24. Me encanta inventar formas nuevas y emocionantes de hacer las cosas.
25. Estoy despierto y veo el mundo con ojos frescos.
26. Tengo un potencial creativo infinito.
27. Hoy reconozco la energía que me rodea y aprecio la creatividad que esta me brinda.
28. Se me ocurrirán ideas nuevas increíbles
29. Ser creativo me hace sentir tan vivo.
30. La inspiración creativa me sigue a dondequiera que voy.
31. Las ideas están empezando a fluir libremente de mi mente.
32. Soy creativo y tengo la fuerza de voluntad para hacer uso de mis talentos.
33. Siempre tengo montones de ideas únicas para resolver problemas.
34. Cada vez me es más y más fácil tener nuevas ideas.
35. Estoy rodeado por fuerzas revitalizantes que se esparcen sobre mí y alcanzan cada parte de mí.
36. Incremento mi capacidad de inventar en todo lo que hago.
37. Mi creatividad está creciendo.
38. Hoy dedicaré un tiempo a crear.
39. Siempre estoy aprovechando mi energía creativa.
40. Mis jugos creativos son un estimulante natural.

41. Soy un artista brillante y exitoso.
42. Hoy estoy contento de tener valores que me ayudan a tomar decisiones sabias a la hora de innovar.
43. Mi imaginación se está volviendo más y más fuerte.
44. Soy un pensador creativo.
45. Sé que ser creativamente fiel a mí mismo valdrá la pena siempre.
46. Me siento cómodo pensando solo.
47. La inspiración divina me rodea.
48. La creatividad fluye a través de cada célula de mi cuerpo.
49. Puedo sentir nuevas fuentes de energía creativa entrando en mi cuerpo y en mi mente.
50. Mi creatividad me llena de pasión y propósito.
51. Tengo una imaginación fértil.
52. Cada pensamiento creativo que expreso me proporciona una gran alegría.
53. Soy una fuente de ingenio.
54. Aprovecharé mi energía creativa.
55. Atraigo ideas brillantes.
56. Ejercito mi imaginación en cada oportunidad.
57. Las ideas creativas vienen a mí regularmente.
58. Tomo medidas inspiradas para mantener viva mi chispa creativa.
59. Todo lo que creo es ingenioso y único.
60. Soy inteligente y creativo en todo lo que hago.
61. La creatividad hace que sea fácil entrar en mi zona de incomodidad.
62. Soy fácilmente capaz de encontrar ideas nuevas y frescas.
63. La energía creativa fluye a través de mí en todo momento.
64. Elijo crear.
65. Mi espíritu creativo no tiene límites.
66. Aprovecho fácilmente la Fuerza Creativa cuando lo necesito.
67. El universo abundante es el recurso para mantener viva mi chispa creativa.

68. Soy un ser creativo ilimitado.
69. Mi fuente creativa nunca se agota.
70. Las ideas brillantes vienen a mí todo el tiempo.
71. Creativamente, soy espontáneo; incluso me sorprendo a mí mismo.
72. Mi energía creativa se irradia hacia mí y hacia la gente que conozco.
73. Estoy expresando mi máximo potencial con creatividad.
74. El arte de la consciencia plena enciende mi chispa creativa.
75. Cada día me vuelvo más creativo e ingenioso.
76. Estoy enamorado de mi expresión creativa única.
77. Estoy inmensamente agradecido con mis habilidades creativas.
78. Estoy inspirado por la belleza en mi vida y en todo lo que me rodea.
79. Resuelvo los problemas de forma creativa.
80. Mi entorno apoya mi pensamiento creativo.
81. Estoy agradecido por la energía que alimenta mi imaginación.
82. Soy eficiente e imaginativo en mi trabajo.
83. Estoy abierto a nuevas experiencias.
84. Me doy espacio para la libre expresión.
85. Ser creativo es una de las prioridades en mi vida y practico este sentimiento todos los días.
86. Cada momento de cada día me estoy volviendo más y más ingenioso.
87. Mis pensamientos creativos aumentan mi confianza y agallas en mis habilidades.
88. Soluciono problemas de forma creativa.
89. Estoy dotado de una gran creatividad e inteligencia.
90. Me conecto fácilmente con la infinita creatividad del universo.
91. Los pensamientos innovadores me mantienen preparado.
92. Ser creativo es una de mis grandes alegrías en la vida.

93. Doy gracias por la inspiración creativa que recibo diariamente.
94. Soy un individuo naturalmente artístico.
95. Mi energía creativa es ilimitada.
96. Utilizo mi poder en formas ingeniosas y útiles.
97. Soy increíblemente creativo e inspirado
98. La inspiración divina bendice cada día de mi vida.
99. Siempre sigo a donde me lleva la inspiración.
100. Practico el pensamiento innovador en todo momento.
101. Las ideas frescas me llegan rápida y fácilmente.
102. Cada día dejo volar mi imaginación a nuevas alturas.
103. Soy un creador poderoso e ingenioso.
104. Encuentro soluciones ingeniosas para cada problema que tengo.
105. Me abro a una vida de creatividad.
106. Mi mente es flexible
107. Soy un pensador innovador.
108. Mi imaginación y creatividad son mi dúo dinámico
109. Cada día creo nuevas obras maestras.
110. El manantial de la creatividad corre en lo más profundo de mí.
111. Expreso mi creatividad siempre que es posible.
112. Tengo mucho talento creativo.
113. Siempre estoy desarrollando nuevas y grandes maneras de hacer las cosas.
114. Soy un creador y un innovador.
115. Aprovecho fácilmente los recursos imaginativos de mi mente.
116. Me encanta ejercitar mi lado artístico.
117. Amplío mi comprensión de las cosas y esto alimenta mi imaginación.
118. Estoy listo para compartir mi expresión auténtica.
119. Mi creatividad está creciendo.
120. Soy imaginativo y creativo en todo lo que hago.

121. Tengo un montón de buenas ideas.
122. Encuentro fácilmente soluciones novedosas a los problemas.
123. La belleza natural de la vida asegura mi creatividad
124. Siempre estoy receptivo a la inspiración que el universo me envía.
125. Soy un innovador. Mis ideas son inspiradoras.
126. Estoy lleno de energía infinita y creativa.
127. Me despierto con buenas ideas todos los días.
128. Estoy continuamente desarrollando ideas nuevas e innovadoras.
129. Disfruto de mi creatividad natural.
130. Mi creatividad fluye libremente.
131. Permito que mi genio creativo brille.
132. Cada día ideas nuevas y geniales vienen a mí.
133. Me encanta inventar cosas.
134. Aprovecharé mi imaginación.
135. Abordo todos los problemas de una manera inspirada e ingeniosa.
136. Me estoy volviendo muy creativo.
137. Me siento creativo e inspirado en el trabajo.
138. Mi yo creativo quiere salir a expresarse.
139. Las ideas creativas fluyen de mi mente de forma natural.
140. Tengo una gran imaginación.
141. Tengo una imaginación poderosa.
142. Empleo el pensamiento lateral en todo lo que hago.
143. Voy a liberar mi creatividad hoy.
144. Tengo confianza y habilidad en mi trabajo creativo.
145. La creatividad me viene de forma natural.
146. Yo permito que mi energía creativa fluya libremente en todo momento.
147. Tengo una creatividad sin fin.
148. Soy muy ingenioso e inventivo.
149. Soy creativo sin esfuerzo en todo momento.
150. Puedo entrar en un estado mental creativo cuando quiera.

151. Amo y abrazo a mi niño creativo interior.
152. Hoy estoy lleno de energía infinita y creativa.
153. Puedo crear con la exuberancia alegre de un niño.
154. Siempre estoy pensando en formas nuevas y originales de hacer las cosas.
155. Mi imaginación se desborda.
156. Cada día encuentro soluciones creativas a los problemas.
157. Soy una fuente de creatividad.
158. Mi mente creativa es mi mejor recurso para superar desafíos.
159. Practico mi genio creativo todos los días.
160. Soy infinitamente creativo.
161. Tengo una imaginación fantástica.
162. Me encanta expresarme creativamente.
163. Siempre me desenvuelvo como artista.
164. Estoy abierto a perfeccionar mi potencial creativo.
165. Tengo un suministro interminable de creatividad.
166. Soy uno con el flujo creativo de la vida.
167. Mi creatividad domina mis miedos.
168. Tengo acceso instantáneo a un ingenio ilimitado.
169. El universo es mi patio de recreo creativo.
170. Soy increíblemente creativo e imaginativo.
171. Me encanta perderme en la zona del pensamiento creativo.
172. Encuentro soluciones originales para todas las dificultades de mi vida.
173. Nutrir mi mente creativa es una prioridad.
174. Soy un genio creativo.
175. Mi creatividad es para el mejoramiento de la humanidad.
176. Honro a mi genio creativo.
177. Soy inventivo e ingenioso.
178. Me encanta inventar nuevos productos originales.
179. Me encanta ejercitar el pensamiento original.
180. Siempre puedo contar con mi imaginación para inspirarme en ideas.
181. Siempre tengo nuevas ideas.

182. Me encanta tener una salida para mis habilidades artísticas.
183. Siempre estaré agradecido por mi mente imaginativa.
184. Mi mente creativa me libera del pensamiento habitual.
185. Mi mente está conectada a la creatividad.
186. Aumento mi creatividad al estar enfocado claramente en el presente.
187. Vivir una vida creativa es importante para mí; me hace una persona más saludable y feliz.
188. Invento cosas nuevas que son inspiradoras.
189. Expreso mi creatividad única en todo lo que hago.
190. Ideas frescas nuevas vienen a mí diariamente.

CAPÍTULO ONCE

AFIRMACIONES POSITIVAS PARA MUJERES

1. Estoy feliz, sana y centrada.
2. El cambio me da oportunidades.
3. Mi vida es una aventura.
4. Lo mejor es lo mejor.
5. Los sentimientos no son hechos.
6. Tengo energía abundante.
7. Mi hijo está feliz y saludable.
8. Deja ir los "¿y si...?"
9. No viviré en respuesta a mi hijo.
10. Lo que busco es el equilibrio en la vida.
11. Me tomaré el tiempo para ponerme a mí en primer lugar.
12. Actuaré después de pensar, no por instinto.
13. La calma es mi principal estado de ser.
14. Estoy contenta.
15. Los principios me guían. No un capricho pasajero.
16. Me doy permiso para tomarme un tiempo personal.
17. ¿Esperaría esto de alguien más?
18. Soy única y un regalo para el mundo.
19. Estoy en paz con mi cuerpo y lo acepto tal como es. Fue creado para hacer cosas increíbles.
20. Amo vivir en mi cuerpo femenino único. Tiene características que son distintivas y me hacen ser quien soy.
21. Soy atractiva tal como soy. No necesito cambiar nada. No soy perfecta, pero sigo siendo hermosa.

22. Amo mi cuerpo y lo cuido a través de una alimentación saludable y ejercicio. Respeto mi cuerpo y estoy agradecida por todo lo que puede hacer.
23. Soy responsable de lo que le sucede a mi cuerpo, así que lo trato con amor, respeto y cuidado.
24. Ejercito mi cuerpo diariamente con tranquilidad y me sorprenden las maneras en que puede doblarse, moverse y estirarse.
25. Soy una mujer fuerte y segura de sí misma y sólo me volveré más fuerte.
26. Soy paciente con mi cuerpo cuando necesita descanso, curación y recuperación.
27. Respeto las necesidades de mi cuerpo y lo trato con la amabilidad que se merece.
28. Hoy elijo liberar el amor, la felicidad y la gratitud en el mundo. La vida es preciosa y hermosa y elijo concentrarme en lo positivo.
29. Estoy agradecida por este maravilloso día y por las infinitas posibilidades que ofrece. Sé que me espera algo grande.
30. No importa lo que pase hoy, sé que soy una mujer radiante, poderosa y libre.
31. Hoy abrazo a la mejor versión de mí. Vivo de una manera que me da tranquilidad, alegría y placer a mí y a los demás.
32. Sé que estoy viva por una razón. Hoy honro mi propósito e inspiro a las personas a mi alrededor a hacer lo mismo.
33. No necesito que nadie ni nada me complete porque ya estoy completa tal como estoy.
34. Soy bella y soy digna de todo lo bello en este mundo.
35. Estoy rebosante de confianza renovada todos los días. Continúo creciendo y convirtiéndome en una mujer más fuerte para mí y para las personas que me rodean.
36. Acepto que no puedo cambiar el pasado. Me concentro en mi futuro y sigo adelante en mi vida. Mi pasado no define quién soy hoy.

37. Hago una cosa todos los días para progresar consistentemente hacia mis sueños. Supero las expectativas de otras personas porque soy excepcional.
38. Elijo aprender de los eventos positivos y negativos del pasado para seguir progresando hacia mi futuro brillante.
39. No necesito controlar todo a mi alrededor. Me concentro en permitir que sucedan las mejores cosas. Sé que lo que tenga que ser, será.
40. Soy culta e inteligente, pero soy capaz de mantenerme humilde.
41. Debido a mi alta autoestima, acepto fácilmente los cumplidos y los doy a cambio.
42. Me merezco todo lo que es bueno. No tengo ninguna necesidad de miseria y sufrimiento.
43. Acepto mis errores del pasado y los dejo ir. Ellos no me definen. Avanzo con confianza en mi bondad esencial y buen juicio.
44. Mi mente está llena de pensamientos afectuosos, saludables, positivos y amorosos que se transforman en experiencias de vida.
45. Mi voz importa y tengo confianza para hablar cuando quiero hacerlo. Las personas me escuchan porque mis palabras son valiosas.
46. El éxito es posible para mí porque tengo las oportunidades adecuadas y las aprovecho cuando las veo. Conozco el camino que debo tomar para tener éxito.
47. Tengo más que suficiente valor para ofrecer en mi trabajo. Continúo floreciendo y ganando experiencia y triunfando a niveles que nunca esperé.
48. Mi mente está concentrada y tengo claridad en todo lo que hago en el trabajo. No sucumbo a las distracciones.
49. Otros reconocen mi trabajo por su excelencia y me enorgullece llamarlo mío.

50. Estoy en camino a la grandeza. Hago un esfuerzo extra para conocer personas que admiro y respeto. Doy un paso más allá que cualquiera a mi alrededor.
51. Evito preocuparme por las decepciones del pasado o compararme con los demás.
52. Comprendo que tengo todo lo que necesito para ser feliz en este momento.
53. Me despierto todos los días con una sensación de bienestar restaurada.
54. Estoy centrada. Le doy toda mi atención a cada tarea, ya sea que esté preparando la mesa o escribiendo un programa de computadora.
55. Recibo el nuevo día con amor en mi corazón.
56. Cuido mi cuerpo y mi mente para estar lo suficientemente fuerte como para cuidar de los demás.
57. Tengo energía nueva y una comprensión más profunda de mi entorno.
58. Me despierto con aprecio y me asombro de las maravillas de mi cuerpo.
59. Amo el hermoso mundo y aprecio todas mis bendiciones, así como mi lugar en él.
60. Organizo mi agenda sin dejar de ser lo suficientemente flexible para aprovechar las oportunidades prometedoras que se me presentan.
61. Mi sentido de asombro ante mis fortalezas y el descubrimiento de mis potenciales son restauradas, así que puedo explorar nuevas experiencias.
62. Estoy segura de mi percepción de mi lugar en el mundo.
63. Soy voluntaria en mi comunidad y ofrezco mi hospitalidad a los recién llegados y a los viejos amigos.
64. Mi amor enriquecedor crece con cada momento que estoy en este planeta.
65. Me propongo metas específicas que guían mis acciones y añaden valor a mi vida.

66. Hoy recuerdo que mi amor por el mundo se renueva cada día.
67. Encuentro un nuevo significado y alegría en las tareas diarias.
68. Valoro a mi familia y a mis amigos. Les hago saber que son una parte vital de mi vida.
69. Mi amor se extiende diariamente a mi familia, amigos, compañeros de trabajo y otros.
70. Aprecio la gente, los lugares, las experiencias y los eventos que dan forma a mi vida.
71. Aprecio a cada persona y las lecciones que traen nuestras interacciones.
72. Estoy agradecida por la oportunidad de cambiar y encontrar recuperación todos los días.
73. Acepto la energía que recibo de mis amigos y familiares. Juntos formamos un grupo fuerte y poderoso que tiene capacidades y talentos únicos.
74. Soy más fuerte y mejor porque atraigo poderes positivos a mi vida.
75. Le recuerdo a mi familia que es mi responsabilidad ser franca incluso con ellos.
76. Sé cómo valorar mi presente, aceptar mi pasado y planificar mi futuro con amor en mi corazón.
77. Evito ver las decisiones de las personas que me importan como aceptables cuando están desalineadas con mis creencias.
78. Cada día me encuentro con familiares, amigos y conocidos. Soy consciente de las diferencias de pensamientos y acciones y las respeto, pero evito adoptarlos sólo para su recibir su aprobación.
79. Cuando los miembros de la familia toman decisiones cuestionables, ellos son responsables.
80. Soy lo suficientemente madura como para saber que las amistades genuinas son capaces de resistir las tensiones que surgen de las diferencias de opinión.

81. Mi cuerpo y mi mente están conectados a las partes más profundas del universo. Se renuevan cada noche mientras sueño.
82. Tengo algo especial que ofrecer a mi familia y al mundo.
83. Hago saber a mis amigos las líneas que no estoy dispuesta a cruzar. Me alegra que respeten mi punto de vista.
84. Soy una mujer muy valiente y fuerte.
85. Merezco ser feliz y amada.
86. Difundo la alegría con cada paso que doy en mi camino.
87. Mis verdaderos amigos me aprecian incluso cuando nuestros pensamientos difieren. Nuestra diversidad ayuda a mantener interesante nuestra relación.
88. Yo soy la mejor mitad. Soy mejor en todo lo que hago.
89. Cuido mi cuerpo de manera saludable.
90. Acepto mis arrugas y líneas de sabiduría.
91. Reconozco que existen oportunidades para celebrar la vida continuamente todos y cada uno de los días.
92. Me reconecto con mis sueños y estos sueños me ayudan a renovar mi amor por el mundo físico.
93. La fuente de la juventud está en mi corazón, mi mente y mi alma.
94. Está bien vivir mi sueño hoy y ser un poco egoísta.
95. Estoy agradecida por cada parte de mi cuerpo.
96. Estoy en un constante estado de progreso.
97. Me amo a mí misma, me respeto y me acepto exactamente como soy.
98. Soy atractiva como soy.
99. Adopto una perspectiva saludable en asuntos relacionados con el envejecimiento.
100. Hago lo mejor que puedo todos los días y eso es suficiente.
101. Comprendo los ciclos femeninos que mi cuerpo experimenta.
102. Envejezco con gracia.
103. Soy más y más sabia cada día.
104. Merezco amor y respeto

105. Hoy tengo la edad perfecta.
106. Asumo toda la responsabilidad de mi bienestar.
107. Tengo confianza en mi sonrisa y en la forma en que muevo mi cuerpo.
108. Tengo una relación saludable con el tiempo con respecto a mi edad.
109. Mi amor por el mundo es alimentado por el universo. Soy parte de una colección mágica de seres que están cambiando y creciendo cada día.
110. Puede que esté mayor, pero me siento joven y viva.
111. Me doy permiso para estar relajada y feliz.
112. No tengo miedo de envejecer. En lugar de ello, entro en la siguiente etapa de mi vida con calma y confianza.
113. Hoy elijo comenzar a materializar mi sueño.
114. Mi vida se enriquece de sentido con el paso de los años.
115. Cada día alimento mi cuerpo con pensamientos saludables.
116. Reconozco la sabiduría, la fuerza y la compasión que hay dentro de mí.
117. Estoy agradecida de estar vivo, de estar bien y de estar respirando.
118. Es un honor tener tantos amigos en mi vida.
119. Estoy bien apoyada por la tribu femenina.
120. Permito que mi amor por mí misma aumente cada día.
121. Ningún éxito es demasiado pequeño para celebrarlo y hoy me deleito en las pequeñas victorias.
122. Me conecto con mi diosa interior que ama brillar.
123. Siempre estoy a salvo y protegida.
124. Me beneficio de la sabiduría de las mujeres que me han precedido.
125. No es egoísta ser amable conmigo misma.
126. Tengo una hermandad de mujeres que me nutren y apoyan.
127. Estoy en paz con mi propio cuerpo.
128. Celebro quién soy y en quién me estoy convirtiendo cada día que pasa.

129. Soy una mujer con cierto nivel. Todo me interesa. Cuido mucho el desarrollo de mi personalidad.
130. Me merezco una pareja cariñosa y comprensiva.
131. Soy una jefa comprensiva pero firme y exigente y trato a mis empleados de manera equitativa. Obtengo lo mejor de cada empleado.
132. Celebro cada aspecto de mi vida con la mayor alegría.
133. Me amo a mí misma y me trato con amabilidad.
134. Permito que mi diosa interior se estremezca en su magia.
135. Hoy empiezo a amarme más a mí misma.
136. Estoy asombrada por la perfecta creación de mi ser físico.
137. Soy una hermana cariñosa y afectuosa. Cuido y adoro a mi hermano.
138. Disfruto ser mujer.
139. Descubro la verdadera alegría de ser mujer, incluso a medida que envejezco.
140. Me alineo con los sueños de mi diosa interior.
141. Todos mis sueños están destinados a hacerse realidad.
142. Estoy abierta a nuevas aventuras en la vida.
143. Estoy comprometida con mi éxito y no me dejo intimidar
144. He sido bendecida con cualidades que elevan a otros e incluso en mis días más difíciles, soy la madre perfecta para mis hijos.
145. Soy única y completa por el hecho de ser yo misma.
146. Soy una empleada productiva. Me tomo mi trabajo en serio y siempre doy lo mejor de mí.
147. Tengo la bendición de ser una mujer. Me baso en mis cualidades femeninas y en mis dones para tener éxito.
148. Puedo manejar cualquier cosa que entre en mi vida.
149. Al ser mujer, merezco el éxito tanto como cualquier hombre que trabaja duro allá fuera.
150. La forma de mi cuerpo es perfecta en la forma en que está destinado a ser.
151. Estoy tan enamorada ahora mismo de mi verdadero yo.

152. Escucho atentamente las necesidades de mi cuerpo.
153. Acepto todas las imperfecciones que percibo en mi apariencia.
154. Tengo confianza en mi sexualidad.
155. Estoy bendecida con el don de vivir y lo aprecio.
156. Encuentro una profunda paz interior dentro de mí misma tal como soy.
157. Abrazo mis curvas. Me encanta ser yo.
158. Soy impulsada y motivada por el éxito y en muestras de mi ética de trabajo.
159. Disfruto totalmente expresarme como mujer.
160. Soy una mujer fuerte, segura y capaz.
161. Soy gentil conmigo misma.
162. Llevo mi confianza como mujer con orgullo.
163. Cada célula de mi cuerpo es perfecta y completa.
164. Me amo a mí misma completamente, incluyendo la forma en que me veo.
165. Acepto mi vida todos y cada uno de los días, incluso a medida que envejezco.
166. Estoy comprometida con mi éxito y no retrocederé. Disfruto tomar acciones cuando tengo una meta para poder tener el estilo de vida con el que sueño.
167. Estoy bien apoyada por mis seres queridos y la gente de mi comunidad.
168. El tamaño de mis senos es perfecto en la forma en que debe ser.
169. Mi autoestima es alta porque honro lo que soy.
170. Acepto mis canas con gracia.
171. Soy suficiente como soy.
172. Me esfuerzo por mejorarme a mí misma.
173. Mi diosa interior es magia, cristales y sol.
174. Soy la mejor amiga que cualquiera puede tener. Para mí, la amistad es la mejor relación.
175. Descubro la belleza eterna desde adentro hacia afuera.

176. Elijo entender y perdonarme a mí misma.
177. Me gusta estar en este cuerpo femenino.
178. Soy un ser de amor y compasión incondicional.
179. Soy una esposa amorosa y cariñosa. Mi pareja es mi alma gemela. Nos complementamos mutuamente.
180. Tengo persistencia en lo que creo.
181. Puedo hacer cualquier cosa que me proponga.
182. Soy una hija modelo. Amo y respeto a mis padres y cumplo fielmente con mis deberes hacia ellos.
183. Aprecio cada momento de mi vida.
184. Soy perfecta como soy.
185. Amo y disfruto ser lo mejor de mí misma.
186. Soy una mujer de amor. Mi tacto cura todas las heridas.
187. Combino la feminidad y la inteligencia a la perfección.
188. Adoro la maternidad. Soy una madre ideal y mis hijos me quieren.
189. Está bien ser una mujer poderosa.
190. Con cada aliento me vuelvo más pacífica.
191. Estoy tranquila cuando me enfrento a un conflicto. Puedo olvidarme fácilmente de la negatividad y puedo estar bien cuando no estoy de acuerdo. Me gusta ser la persona adulta y hacer lo correcto.

CAPÍTULO DOCE

AFIRMACIONES POSITIVAS PARA HOMBRES

1. Soy merecidamente respetado y apreciado.
2. Me estoy acercando a mis sueños.
3. Entrego mi ego y mi orgullo al universo. Acepto la humildad.
4. Soy extrovertido y carismático.
5. Tengo una imagen corporal positiva.
6. Hoy merezco tener un gran éxito laboral.
7. Sé que soy digno de estabilidad financiera.
8. Estoy agradecido por la abundancia que tengo.
9. Estoy conectado a mis emociones internas y no me avergüenzo de ello.
10. Mi confianza se fortalece cada día.
11. Me amo y me acepto como soy.
12. Me encanta ser padre. Soy un padre ideal y mis hijos me quieren.
13. Soy valiente y asumo mis responsabilidades con valentía.
14. Puedo cambiar cualquier percepción negativa que tenga de mí mismo.
15. Soy una buena persona.
16. Soy un gran proveedor para mi familia.
17. Soy el creador de mi vida. Me niego a ser estereotipado en un papel.
18. Soy digno de felicidad, riqueza y paz. No puedo controlar a los demás.
19. Soy exitoso, próspero, saludable y feliz.
20. Soy un hombre importante. Me interesa todo.

21. Me siento sexy, encantador y atractivo.
22. Soy decidido y, al mismo tiempo, considerado con los demás.
23. Soy un fuerte defensor de mí mismo. Creo firmemente en mis habilidades.
24. No soy un fracasado. Aprendo de cualquier desafío que encuentre.
25. Soy un empleado productivo en mi campo de trabajo. Me tomo mi trabajo en serio y siempre doy lo mejor de mí.
26. Me esfuerzo valientemente para ser mejor en todos los sentidos.
27. Estoy orgulloso y feliz de ser el hombre que soy.
28. Soy fuerte, valiente e independiente. Vivo mi verdad.
29. Tengo el control de mi vida.
30. Atraigo fácilmente nuevas oportunidades de negocio.
31. Como hijo, amo y respeto a mis padres y cumplo fielmente con mis deberes hacia ellos.
32. Me trato bien porque me amo a mí mismo.
33. Me siento seguro con mi aspecto. Soy un hombre sexy y atractivo.
34. La gente disfruta genuinamente al estar cerca de mí debido a mi energía positiva.
35. Cada día me siento más seguro de mí mismo. Me enfrento a nuevas aventuras.
36. Me veo más saludable y fuerte cada día porque estoy tomando las decisiones correctas de alimentación.
37. Equilibrio mis energías masculinas y femeninas.
38. Seguiré creciendo y aprendiendo.
39. Soy todo lo que un hijo puede ser. Hago que mis padres estén orgullosos de todo lo que hago.
40. Sea lo que sea que se me solicite hacer, el liderazgo viene a mí instintivamente.
41. Soy audaz y confiado. Me niego a ser presionado a tomar malas decisiones.

42. Hoy estoy agradecido por el hombre en el que me estoy convirtiendo.
43. Estoy viviendo la vida que siempre quise.
44. Soy un hombre de familia exitoso y próspero. Soy un esposo y un padre cariñoso.
45. Yo soy la otra mitad en mi relación. Soy el mejor en todo lo que hago.
46. Soy varonil en mi apariencia, cuidadoso en mi actitud y amoroso en mi personalidad.
47. Estoy en contacto con mis emociones y no me avergüenzo de ser vulnerable.
48. Estoy conectado a mi motivación interna. Me despierto cada mañana con intención y propósito.
49. Hoy es un día significativo, importante y especial. Lo vivo con un propósito.
50. Irradio amor con sonrisas y lo siento reflejado de vuelta a mí.
51. Me amo a mí mismo de una manera sana y saludable.
52. La salud es una prioridad para mí. Cuido bien de mi cuerpo.
53. Hoy baso mi felicidad en mis propios logros y en las bendiciones que me han dado.
54. Soy una persona cariñosa. Doy amor y recibo amor incondicionalmente.
55. Mis emociones y sentimientos son dignos de atención.
56. Estoy emocionado por lo que está por venir. Los mejores días están por venir.
57. Amo, aprecio y valoro a la persona en la que me estoy convirtiendo.
58. Soy inteligente, generoso y bueno en mi trabajo.
59. La energía creativa surge a través de mí y me lleva a ideas nuevas y brillantes.
60. Soy digno de amor y merezco el buen tipo de amor.
61. Me encanta cómo me veo y me esfuerzo por verme bien.
62. El éxito y la riqueza me llegan sin esfuerzo.
63. Tengo grandes ideas que son transformadoras.

64. No soy agresivo. Soy decidido y fuerte.
65. Escucho mis necesidades y priorizo el autocuidado porque lo merezco.
66. La felicidad es una elección. Hoy elijo ser feliz.
67. Hoy estoy más cerca de hacer realidad mis sueños que ayer.
68. Soy un hombre que crea respuestas a las circunstancias, no sólo reacciones.
69. Todo lo que está sucediendo ahora está sucediendo para mi bien supremo.
70. Soy un hombre que recibe sabiduría de mi subconsciente las 24 horas del día, los 7 días de la semana.
71. Estoy bendecido con una familia increíble y amigos maravillosos.
72. Escucho activamente lo que otros hombres dicen sin interrumpirlos.
73. Tengo todas las cualidades de un hombre fuerte.
74. En cada uno de mis pasos me guía el espíritu que me lleva a lo que debo saber y hacer.
75. Hoy abandono mis viejos hábitos y tomo otros nuevos más positivos.
76. He recibido un sinfín de talentos que voy a empezar a utilizar hoy.
77. Como líder, soy un jefe comprensivo pero firme y exigente y trato a mis empleados de manera equitativa.
78. Soy un hombre importante.
79. Soy una criatura gloriosa. Irradio belleza, encanto y gracia.
80. Mis esfuerzos están siendo apoyados por el universo; mis sueños se manifiestan en realidad ante mis ojos.
81. Soy la figura masculina ideal.
82. Estoy involucrado activamente en la construcción de mi comunidad.
83. Puedo hacer cualquier cosa que me proponga.
84. Amo y nutro a las personas en mi vida con fuerza y empatía.

85. Hoy y todos los días en el futuro reconozco mi propia valía; mi confianza se dispara.
86. Mis pensamientos están llenos de positividad y mi vida está llena de prosperidad.
87. Irradio confianza en mí mismo y una energía encantadora.
88. Soy un hombre de palabra.
89. Como sostén, busco mantener a mis seres queridos.
90. Mis temores del mañana simplemente se están desvaneciendo.
91. Soy resiliente, nada me rompe realmente.
92. Soy el creador de toda mi vida y experiencias.
93. Las personas exitosas se sienten atraídas a mí.
94. Perdono a aquellos que me han hecho daño en mi pasado y me separo pacíficamente de ellos.
95. Mi matrimonio/relación se está volviendo más fuerte, más profundo y más estable cada día.
96. Creo en mí mismo.
97. Estoy abierto a la abundancia, la alegría, el placer y las experiencias positivas en la vida.
98. Estoy listo para crear recuerdos increíbles que valdrá la pena recordar.
99. Mi futuro es una proyección ideal de lo que imagino ahora.
100. Soy el mejor amigo masculino que cualquiera puede tener. Para mí la amistad es la mejor relación.
101. Soy naturalmente masculino, elegante y guapo.
102. Soy un hombre que da y que sabe cómo hacer que los demás se sientan felices con la vida.
103. Soy muy resistente. Puedo soportar tiempos difíciles.
104. Soy el arquitecto de mi vida, construyo sus cimientos y elijo sus contenidos.
105. Yo defino mi propia felicidad y éxito; no me lo dicta el mundo o la sociedad.
106. Soy un hombre seguro de sí mismo, con ganas y deseos de alcanzar mis metas todos los días.

107. Todas las cosas que están sucediendo en mi vida son para beneficiarme.
108. Soy superior a los pensamientos negativos y a las acciones denigrantes.
109. Me enorgullezco de ser un hombre.
110. Soy un esposo amoroso y cariñoso.
111. Estoy asombrado de la persona que soy y estoy orgulloso de la persona en la que me estoy convirtiendo.
112. Mi compañera es mi alma gemela. Nos complementamos mutuamente.
113. Mi cuerpo está sano; mi mente es brillante; mi alma está tranquila.
114. El mundo necesita mi autenticidad porque todo en mí es especial.
115. Soy un hermano amoroso y cariñoso. Cuido y adoro a mi hermana.
116. Soy un hombre seguro de sí mismo, fuerte, cariñoso y corroborativo.
117. Merezco ser empleado y que me paguen bien por mi tiempo, esfuerzos e ideas.
118. Creo que puedo hacer cualquier cosa en esta vida.
119. Mis obstáculos se apartan de mi camino; mi camino está esculpido hacia la grandeza.
120. Soy un hombre que sabe cómo relajarse y pasar un buen rato.
121. Soy un gran protector de las personas en mi vida y de mi familia.
122. Soy muy bueno en mi trabajo y se me reconoce por ello.
123. Soy un hombre que se ríe de sí mismo con alegría infantil.
124. Mucha gente me admira y reconoce mi valor; soy admirado.
125. Soy un hombre que encuentra oportunidades y ventajas detrás de cada puerta que abro.
126. Un río de compasión se lleva mi ira y la reemplaza con amor.
127. Mi capacidad para conquistar mis desafíos es ilimitada; mi potencial de éxito es infinito.

128. Soy un hombre preparado que tiene un plan diario orientado a los resultados.
129. Soy un hombre con pasiones y las persigo con intensidad y fervor.
130. No me consume el trabajo. Creo tiempo para mis pasatiempos y actividades que disfruto.
131. Mi fuerza física y mental es increíblemente fuerte.
132. Soy un hombre pacífico que crea relaciones sinérgicas y positivas.
133. Soy lo suficientemente varonil y perfecto.
134. Hoy estoy rebosante de energía y alegría.
135. Tengo plena fe en que todo saldrá perfecto.
136. Mi subconsciente prepara adecuadamente el subconsciente de todos los hombres que conozco para una interacción positiva.
137. Soy poderoso de muchas maneras y celebro este poder diariamente.
138. Soy un hombre joven, aventurero y espontáneo.
139. Soy una fuente de energía vibrante; soy indestructible.
140. No permito que personas negativas entren en mi vida.
141. Mi vida acaba de empezar.
142. Cuando hablo con otros hombres me concentro en sus intereses, no en los míos.
143. Soy un hombre que emprende acciones directas hacia las metas para construir un impulso masivo.
144. Cada día estoy más cerca de encontrar el trabajo perfecto para mí.
145. Estoy agradecido por todo en mi vida.
146. Sigo mis sueños como si mi vida dependiera de ello porque sí depende.
147. Creo armonía con otros hombres a través del esfuerzo cooperativo y no de la competencia.
148. Mi negocio está creciendo, expandiéndose y prosperando.

149. He decidido que voy a relajarme y divertirme en este día, no importa cuál sea el resultado.
150. Soy un hombre responsable y confiado que ve lo bueno en los demás.
151. Animo a otros hombres a hablar de sí mismos y escucho atentamente cuando lo hacen.
152. Dondequiera que voy, la gente se siente atraída por mi dinámica personalidad masculina.
153. Poseo las cualidades necesarias para ser extremadamente exitoso.
154. Soy un hombre fuerte que es un líder sobresaliente y seguro de sí mismo.
155. Mi naturaleza es divina; soy un ser espiritual.
156. Soy un gran líder que puede ver el punto de vista de otros hombres.
157. Me acepto, amo y aprecio a mí mismo, exactamente como soy sin condiciones.
158. Soy digno. Me amo y respeto a mí mismo y siempre hago elecciones amorosas que apoyan la vida en todas las áreas.
159. La pareja perfecta para mí va a llegar a mi vida más pronto de lo que espero.
160. Me trato a mí mismo con amabilidad.
161. La prosperidad y la masculinidad son mis derechos de nacimiento y se manifiestan a través de mis acciones.
162. Estoy seguro de mí mismo.
163. El tono de mi voz masculina comunica fuerza y confianza.
164. Estoy seguro y libre para ser yo mismo
165. Tomo la decisión de amarme y aceptarme exactamente como soy.
166. Estoy en paz con todo lo que ha sucedido, está sucediendo y sucederá.
167. Tengo una presencia masculina magnética y cálida.
168. Soy un hombre con suficiente tiempo, energía y sabiduría para cumplir mis deseos.

169. Mi magnetismo y mi encanto masculino se notan tan pronto como entro en una habitación.
170. Hoy estoy listo para una relación sana y amorosa.
171. Cuido mucho el desarrollo de mi personalidad.
172. Cuando hablo con otros hombres se dan cuenta de lo seguro y divertido que soy.
173. Soy un líder y un hombre influyente que se gana el respeto a través de sus acciones.
174. Soy una torre de fuerza, vitalidad, y masculinidad y las mujeres lo notan.
175. Hoy me despierto con fuerza en mi corazón y claridad en mi mente.
176. Expreso mi aprecio honesto y sincero por otros hombres fácil y frecuentemente.
177. Cuando estoy cerca de otros hombres me siento contento y fuerte.
178. Estoy venciendo mi enfermedad; la derroto constantemente cada día.
179. Soy un líder y reconozco sinceramente el valor de cada uno de los hombres que conozco.
180. Cada día aprendo y sigo creciendo hasta convertirme en la mejor versión de mí mismo.
181. Mis experiencias personales me han convertido en el hombre fuerte que soy hoy.
182. Soy valiente y me defiendo a mí mismo.
183. Soy un hombre que sigue su instinto y siempre encuentro una recompensa.
184. Soy un hombre que libera la necesidad de tener razón todo el tiempo y de juzgar a los demás.
185. Soy una persona seria en mi carrera y trabajo duro para avanzar en mi carrera.
186. Tengo confianza en mi aspecto.
187. Soy inteligente e ingenioso y estoy bien conmigo mismo.

188. En mi lugar de trabajo, donde dirijo, obtengo lo mejor de cada empleado.
189. Mis habilidades son únicas y tienen un valor enorme.
190. Me quiero a mí mismo y a la gente que me rodea.
191. Soy un líder natural.

CAPÍTULO TRECE

AFIRMACIONES POSITIVAS PARA ADOLESCENTES

1. Sé que está bien no tener todas las respuestas para mi vida ahora mismo, tomo un día a la vez.
2. Todas las metas de la escuela se están logrando con facilidad.
3. Me resulta fácil ser yo mismo con amigos nuevos y viejos.
4. Soy un adolescente responsable. Admito mis acciones.
5. Pasar tiempo con mis compañeros es divertido y estimulante.
6. Me siento tan bien en mi propia piel.
7. Tengo la capacidad de elegir cualquier sentimiento que sienta, por lo que siempre elijo la confianza.
8. Me siento más seguro de los desafíos que me trae la vida.
9. Sé que mamá y papá quieren lo mejor para mí, así que escucho lo que tienen que decir y los respeto.
10. Desconecto las voces de compañeros que me presionan y escucho a mis padres porque sé que quieren lo mejor para mí.
11. He aprendido a mantener la calma en situaciones estresantes.
12. Estoy muy agradecido por la habilidad de aprender y crecer con mis maestros.
13. Duermo profundamente para tener más energía durante el día.
14. Soy un genio y soy más inteligente que cualquiera que conozco.
15. Cada cosa nueva que intento la hago muy bien.
16. No soy un marginado social.
17. Me siento muy bien en quien me estoy convirtiendo.
18. Alcanzo grandes cosas cuando pongo mi mente en ello.
19. Soy bendecido y Dios me mantiene a salvo y seguro.
20. Estoy súper orgulloso de mí mismo.

21. Acepto mis imperfecciones y crezco a partir de ellas.
22. Estoy muy apasionado por el mundo.
23. No tengo miedo.
24. Fácilmente dejo ir a la gente negativa en mi vida, ellos no tienen lugar en mi vida.
25. Soy increíblemente dotado, único y especial.
26. Estoy muy determinado.
27. Utilizo mi poderosa habilidad de amar para mí mismo y se la doy a los demás también.
28. Encuentro y acepto mis talentos y pasiones naturalmente.
29. Tengo una muy buena actitud.
30. Aprendo rápido en la escuela.
31. Soy muy creativo y cada día soy mejor.
32. Tengo un sentido del humor increíble y me encanta hacer reír a mis amigos.
33. Me llevo tan bien con amigos nuevos y viejos.
34. Me siento totalmente relajado cuando voy a fiestas.
35. Soy un gran amigo. Tengo salud que dura mucho tiempo.
36. Me encanta comer saludable y hacer ejercicio.
37. Me encanta intentar y aprender cosas nuevas dentro y fuera de la escuela.
38. Creo buenos hábitos en mi vida que me ayudarán a iniciarme apropiadamente en la adultez.
39. Amo a mi familia y me encanta ayudarles con las cosas.
40. Estoy aprendiendo mucho sobre mí mismo en este momento y sigo haciéndolo porque es muy importante que te conozcas a ti mismo.
41. Tengo confianza en mí mismo y en mis habilidades.
42. Elijo cómo me siento y elijo sentirme amado y bien todo el tiempo.
43. Tengo una memoria retentiva. Retengo todo lo que estudio con facilidad.
44. Descubro nuevos talentos que tengo todo el tiempo.
45. No hay nada que establezca en mi mente y no pueda lograr.

46. Mis sueños son posibles de alcanzar.
47. Me siento muy bien y a gusto comiendo delante de los demás.
48. Siempre hago lo mejor que puedo en todo lo que hago.
49. Alimento mi mente con contenido positivo que transforma mi mente y mi vida para mejor.
50. Soy digno de vivir mi mejor vida.
51. Soy un chico poderoso.
52. Dejo ir las relaciones que no me apoyan a crear y mantener altos niveles de confianza en mí mismo.
53. Nunca trato de actuar o ser como los demás porque me quiero a mí mismo tal como soy.
54. Aprecio estar en esta etapa joven de la vida en la que hay tantas posibilidades.
55. Soy muy útil en la casa.
56. Soy suficiente.
57. Soy una persona grande y valiosa con mucho que ofrecer.
58. Me estoy convirtiendo en una mejor versión de mí cada día.
59. Hago mi tarea súper rápido cuando llego a casa.
60. Yo escojo mi estado emocional y por lo tanto siempre escojo uno que me haga sentir bien conmigo mismo.
61. Soy un gran oyente.
62. Puedo confiar en mamá y papá con cualquier cosa que haya en mi corazón.
63. Me siento como si estuviera en una zona libre de jueces cuando estoy en situaciones sociales.
64. Aprendo rápido, el fracaso es parte de ese proceso.
65. Sé que cuanto más me gusto y acepto a mí mismo, más lo harán los demás.
66. Soy tan inteligente.
67. Tengo todo lo que hace falta.
68. Amo tanto mi vida.
69. Me siento tan a gusto en situaciones sociales.
70. Me encanta estar en situaciones sociales.

71. Puedo dejar ir las preocupaciones que tengo cuando quiera. Tengo ese poder.
72. Atraigo a otras personas seguras de sí mismas a mi vida a las cuales modelo y aprendo de ellas lo que hace que crezca mi nivel de confianza.
73. Mi coraje domina cualquier sentimiento de falta de confianza en mí mismo.
74. Me preocupo por los demás y me encanta mostrar mi bondad.
75. No me resisto a que la gente trate de ayudarme, confío en que quieren lo mejor para mí.
76. Soy muy trabajador y siempre hago mis tareas a tiempo.
77. Bendigo a la personas seguras porque lo que bendigo vuelve a mí.
78. Mejoro en la escuela porque aprendo rápido.
79. Soy muy bueno en todas las materias y clases que tomo.
80. Me encanta ser yo mismo y estar rodeado de gente que valora mi verdadero yo.
81. Mi mejor yo siempre sale en situaciones sociales.
82. Soy muy inteligente y aporto mucho valor a mis interacciones.
83. Me encanta ser un chico.
84. Hago amigos nuevos con facilidad.
85. Las personas creen en mí y piensan que soy genial.
86. Sé que soy amado por Dios.
87. Puede que no sepa qué es lo mejor para mí en todo momento, y lo acepto y busco ayuda cuando la necesito.
88. Respeto a todos mis amigos, maestros y familiares.
89. Nunca soy víctima de mis circunstancias.
90. No tengo miedo de probar cosas nuevas y desafiarme a mí mismo.
91. Estoy muy agradecido por mis amigos y mi familia.
92. Dejo ir cualquier ansiedad y miedo que tenga ahora mismo.
93. Sé que la honestidad es siempre la mejor política.
94. Soy dotado y bendecido y lo comparto con el mundo.

95. Todos mis problemas tienen soluciones perfectas. No dejo que la preocupación me consuma.
96. Utilizo mi cuerpo para crear una sensación de confianza, manteniéndome firme y orgulloso y abriéndome.
97. Tengo las personas adecuadas para aconsejarme cuando lo necesite.
98. Estoy contento con lo que tengo y estoy feliz por ello.
99. Me permito aprender grandes lecciones de vida en este momento de mi vida.
100. Me despierto cada día con energía y felicidad.
101. Soy un estudiante muy competente.
102. Creo en mí mismo.
103. Siempre soy honesto. La honestidad es la mejor política.
104. Estoy a salvo aquí y ahora.
105. Soy suficiente y nadie me hará sentir menos.
106. Puedo compartir la verdad sobre mi vida con mis padres y maestros.
107. Paso ratos con personas que quieren lo mejor para mí y me inspiran a crecer más y mejor.
108. Puedo hacer cualquier cosa que me proponga.
109. Veo todas las cosas buenas que he hecho en esta vida y me hace sentir muy bien conmigo mismo.
110. Me quiero a mí mismo.
111. Tengo un don natural.
112. Se siente muy bien estar a gusto cuando estoy en una reunión social.
113. Creo en mis capacidades.
114. Mi mente es fuerte y poderosa.
115. Creo y confío en mí mismo.
116. Respeto a mi profesor y me encanta aprender de él/ella.
117. Me dejo llevar por mis pasiones cada día porque me ayuda a vivir el momento.
118. Amo a mis amigos y familiares y me encanta mostrarles que lo hago.

119. Sé que los errores sólo me ayudan a mejorar.
120. Estoy completamente dedicado a mis estudios.
121. Siempre uso mis palabras para comunicarme durante las discusiones.
122. No tengo miedo de hablar en público.
123. No guardo rencor. Perdono a la gente que es mala conmigo.
124. Me acepto completamente.
125. Tengo la suficiente confianza para hablar por mí mismo.
126. Acepto mi cuerpo a medida que cambia y crece.
127. Mis maestros ven la grandeza en mí que aún no puedo ver.
128. Estén presentes mis padres o no, trato de adherirme a los valores que me enseñan.
129. Valgo tanto.
130. Me siento seguro y a salvo en casa o en la escuela.
131. La confianza se me escapa en las situaciones sociales.
132. Soy un buscador de conocimiento. Me encanta aprender cosas nuevas dentro y fuera de la escuela.
133. Confío en mi intuición para guiarme en la toma de buenas decisiones.
134. Confío en que haré el bien en la escuela y en la vida.
135. Soy único, realmente único.
136. Tengo los mejores y más positivos amigos.
137. Ya me veo graduándome con honores y caminando por el escenario victorioso.
138. Siempre estoy tan feliz.
139. Presto atención a las cosas con las que alimento mi mente.
140. Me siento bien sobre quién soy y en quién me estoy convirtiendo.
141. Me permito sentirme perdido a veces porque sé que me encontraré a mí mismo.
142. Me siento tan amado y protegida por mi familia.
143. Tiendo a caerles bien a las personas.
144. Estoy tomando decisiones deliberadas sobre mi futuro.

145. Me resulta fácil sumergirme en muy buenas sesiones de estudio.
146. Soy un adolescente sabio.
147. Nunca pienso en mi ansiedad social.
148. Estoy divinamente protegido de cualquier forma de abuso.
149. Me encanta conocer personas nuevas.
150. Soy una persona feliz y generosa y la gente no se aprovecha de ello.
151. Me esfuerzo por el propósito y el progreso, no por la perfección.
152. Soy un chico excelente.
153. Me doy permiso para estudiar sólo las cosas que me traen felicidad y satisfacción.
154. Aunque soy joven, estoy muy agradecido por cada día porque sé que la vida es corta.
155. Elijo alimentos buenos y saludables porque amo mi cuerpo.
156. Mi mente siempre elige pensamientos positivos y estimuladores que me ayudan a sentirme bien conmigo mismo.
157. Me encanta estar con mi familia y compartir mi amor con ellos.
158. Mi respiración está perfectamente controlada cuando estoy en situaciones sociales.
159. Todo estará bien.
160. Yo soy suficiente.
161. El fracaso no es el final del camino. Sé que siempre puedo hacerlo mejor la próxima vez.
162. No me juzgo a mí mismo, me amo a mí mismo.
163. Me siento muy hermoso/guapa en todo momento.
164. Me encanta ejercitar mi cuerpo y me encanta cómo me siento por ello.
165. Naturalmente me veo haciendo las cosas en la vida con gracia y perfección, por lo que entro en estas situaciones con mucha confianza.

166. Cuando la gente me dice cosas negativas, no me importa porque me quiero y me respeto.
167. Me siento como una persona natural hablando con otros en situaciones sociales.
168. Puedo tomar decisiones realmente buenas, y si tomo una mala decisión, tengo el sistema de apoyo adecuado para ayudarme a superarlo.
169. Estoy agradecido de tener un maestro tan grandioso.
170. Es seguro para mí abrirme delante de la gente.
171. Estoy entero, perfecto y completo.
172. El universo me apoya y quiere ayudarme a sentirme más seguro.
173. No estoy confinado por el miedo, ya que siempre supero mis miedos.
174. Estoy orgulloso de mí mismo y de los logros que he conseguido hasta ahora.
175. Llego a clase con una mentalidad de crecimiento muy abierta.
176. No me distraigo fácilmente porque tengo muy buenas habilidades de concentración.
177. Todo lo que hago me hace sentir aún más orgulloso de mí mismo.
178. La vida es una aventura porque soy valiente y confiado.
179. Soy muy responsable. Llevo a cabo mis tareas con diligencia.
180. Yo apruebo mis exámenes con facilidad.
181. Los errores que cometo no me definen. Aprendo de todos mis errores.
182. Dejo todos mis sentimientos de baja autoestima ahora mismo.
183. Yo estoy a cargo de mis emociones, nadie más.
184. Me siento bien en situaciones sociales.
185. Disfruto aprendiendo porque crezco cuando lo hago.

186. Hay tantas oportunidades para mí en la vida y las acepto todas.
187. Se siente muy bien ser un hijo de Dios.
188. Elijo dejar que mi vida se desborde de alegría y confianza en mí mismo.
189. Veo la vida como un salón de clases que me ayuda a alcanzar mis metas escolares.
190. Hago conexiones fáciles con las materias que estoy estudiando que me ayudan a memorizar y aprender mejor.
191. Estoy siendo un impacto positivo en esta generación.

CAPÍTULO CATORCE

AFIRMACIONES POSITIVAS PARA EL EMBARAZO

1. Mi parto va a ser perfecto y rápido.
2. Estoy comprometida a criar conscientemente a este niño. Toda la negatividad generacional inconsciente la detengo.
3. El nacimiento es seguro para mí y para mi bebé.
4. Elijo disfrutar cada segundo en este viaje del embarazo, incluso en los días difíciles.
5. Mi bebé me ama.
6. Acojo el desafío de la maternidad con gracia, gratitud y un corazón cálido y lleno de amor.
7. Tengo el sistema de apoyo adecuado para ayudarme durante este embarazo y más.
8. Acepto mi trabajo de parto y el nacimiento.
9. Soy una mujer fuerte.
10. Mi esposo/novio y yo estaremos profundamente conectados durante y después del proceso de parto.
11. Utilizo mi voz con firmeza para expresar lo que quiero y necesito y para decir que no cuando me siento incómoda.
12. Mi bebé siente mi amor.
13. Me educo para tomar las mejores decisiones posibles para mi embarazo y el nacimiento de mi bebé.
14. Soy la mejor madre para mi bebé.
15. El mundo da la bienvenida a mi bebé a este mundo con amor y los brazos abiertos.
16. No tengo miedo del proceso de parto, lo dejo ir ahora.

17. Me siento bendecida, privilegiada y favorecida de llevar a mi bebé dentro de mí.
18. Estoy trayendo a este mundo a un niño perfectamente sano, entero y fuerte.
19. Amo a mi bebé a pesar de que aún no hemos conocido a nadie.
20. Creo en mí misma y en mi capacidad natural para dar a luz con facilidad, tranquilidad y comodidad.
21. Sé cómo cuidarme durante el embarazo.
22. Mi bebé me ama plena y completamente.
23. Mi cuerpo sabe exactamente cómo cuidar a mi bebé creciendo dentro de mí.
24. Mi bebé está en la posición perfecta para venir al mundo de manera eficiente y sin problemas.
25. Me amo y apruebo a mí misma y doy la bienvenida, honro y acepto los cambios en mi hermoso cuerpo embarazado mientras se mueve para acomodar a mi bebé.
26. Estoy rodeada de aquellos que me aman y me respetan.
27. Fui escogida divinamente y llamada para ser la madre de este niño y soy lo suficientemente buena para cuidar de él/ella.
28. Estaré lista y preparada para una experiencia de parto segura, hermosa y sin esfuerzo.
29. Mi amor y conexión con este niño dentro de mí me llena de humildad cada día. Estoy bendecida y lo sé.
30. Mi bebé no puede desea llegar a este mundo.
31. Mi cuerpo está aceptando a mi bebé y mi embarazo terminará con el nacimiento seguro de un bebé sano.
32. Cuando comience el capítulo de maternidad de mi vida, estoy lista para convertirlo en un hermoso capítulo.
33. Mi cuerpo embarazado es hermoso.
34. Estoy en perfecto estado de salud. Mi bebé está en perfecto estado de salud. Este embarazo va a llegar a un final perfecto.
35. Confío en milenios de instintos maternales incrustados en mí. Sé cómo cuidar a mi bebé.

36. Inhalo, sé que soy una gran madre. Exhalo, soy una gran madre.
37. Mi cuerpo sabe cómo dar a luz.
38. Aprecio y celebro el regalo del embarazo, la vida y la maternidad.
39. El trabajo de parto no me asusta porque sé que las contracciones ayudan a traer a mi bebé.
40. Confío profundamente en mis instintos y en mi cuerpo, y confío en que soy capaz de dar a luz a mi bebé de manera segura.
41. Tengo un sistema de apoyo increíble. Cuando pido ayuda, recibo ayuda.
42. Mi bebé nacerá en el momento perfecto.
43. Me permito ver la belleza y la alegría de este proceso, disfrutar de este tiempo precioso con mi bebé, y ser empoderada por todo lo que trae.
44. Me visualizo a mí misma después de un parto perfecto. Estoy en casa amando y jugando con mi hermoso bebé.
45. Tengo un vínculo estrecho con mi bebé. Mis relaciones con mi bebé son muy fuertes.
46. Mi doctor y yo estamos conectados. Somos socios en el parto de un bebé sano y feliz.
47. Mi bebé conoce el verdadero nacimiento.
48. Confío en que mi cuerpo haga que el proceso de trabajo de parto sea lo más fácil y efectivo posible.
49. Me mantengo alerta, en sintonía y consciente de mis necesidades y conozco intuitivamente las necesidades de mi bebé.
50. Me protejo a mí y a mi bebé permitiéndome sólo pensamientos y palabras positivas sobre el embarazo y el parto.
51. Cómo nace mi hijo es sólo mi elección y yo elijo el nacimiento natural.
52. Haré mucha leche materna para mi bebé.

53. Este embarazo no es complicado.
54. Mi cuerpo sabe cuándo dar a luz.
55. Mi bebé es amado y siente mi amor a medida que nuestro vínculo y conexión se fortalece cada día.
56. Me enorgullezco de la contribución de llevar, nutrir y sostener una vida dentro de mí.
57. Me siento poderosa y saludable durante el proceso de parto.
58. Mi cuerpo fue hecho para nutrir a un bebé.
59. Estoy feliz y entusiasmada con mi embarazo y espero un parto tranquilo, pacífico y hermoso.
60. Mi sistema neuromuscular funciona en perfecta armonía durante el parto.
61. Elijo ver la belleza en todo este proceso de traer una nueva vida al mundo.
62. Mi partera es una amiga hermosa y sabia consejera durante todo mi embarazo. Tengo suerte de tenerla.
63. Merezco un embarazo fácil y sin complicaciones.
64. Mi embarazo es un regalo.
65. Estoy tranquila, fresca y segura durante todo el embarazo. Estos son los nueve meses más hermosos de mi vida.
66. Mi bebé se está desarrollando normalmente y nacerá sano, entero, seguro y en el momento perfecto.
67. Mi cuerpo creciente es hermoso por su poder.
68. Sé que este es el momento adecuado para que mi bebé venga al mundo y bendiga a nuestra familia.
69. Mi bebé está creciendo como debería.
70. Mi trabajo más importante en el embarazo y el parto es simplemente relajarme, permanecer centrada, serena y equilibrada y permitir que el nacimiento de mi bebé tenga lugar.
71. He construido una unión armoniosa con mi médico, partera y doctora.
72. A pesar de las dificultades, sigo con energía, fuerte y saludable.

73. Soy una madre increíble a punto de tener un bebé increíble
74. Estoy bien cuidada por mí misma y por mis seres queridos.
75. Mi embarazo es perfecto. Voy a dar a luz a un bebé feliz y saludable.
76. Mi cuerpo acepta y protege a este bebé.
77. Soy una mujer fuerte, perfectamente capaz de tener un parto sano y perfecto.
78. Sin duda alguna, creo que soy una gran madre.
79. Mi cuerpo fue diseñado para nutrir, proteger y hacer crecer a mi bebé en mi vientre.
80. Estoy entusiasmada con mi viaje.
81. Tomo las mejores decisiones para mí y para mi bebé.
82. Estoy fuerte y saludable y de lleno en este embarazo.
83. Me siento segura de que cada cambio que mi cuerpo experimenta es para el bien de mi bebé.
84. Concebí un hermoso bebé y voy a dar a luz a un niño hermoso.
85. Hoy declaro que mi vientre está funcionando de manera óptima.
86. Mi bebé está recibiendo toda la nutrición que necesita.
87. Mi bebé y yo estamos trabajando juntos para prepararnos para su nacimiento y ambos estamos agradecidos por esta poderosa experiencia.
88. Declaro que estoy sana; mi cuerpo está sano.
89. Mi bebé es tan especial para mí y también lo es mi cuerpo.
90. Con cada contracción me siento más fuerte y más poderosa.
91. Me estoy divirtiendo con mi embarazo. Disfruto cada semana. Saboreo cada logro.
92. Soy una gran madre. Mi nuevo bebé tiene suerte de tenerme.
93. Mi cuerpo es un hogar relajado y cálido para mi bebé en crecimiento.
94. Escucharé mi intuición y lo que me está diciendo para hacer el proceso más natural y fácil.
95. Hoy me siento con energía.

96. Mi cuerpo es un hogar amoroso y seguro para mi bulto de alegría en crecimiento.
97. A medida que mi bebé sano crece dentro de mí, estoy más en sintonía que nunca con los ritmos perfectos de la naturaleza y de mi cuerpo.
98. Confío en que mi cuerpo sepa exactamente lo que está haciendo.
99. Mi bebé sabe cómo y cuándo nacer y yo espero pacientemente su llegada.
100. Seré una gran madre.
101. Mi cuerpo fue hecho para esta experiencia.
102. Mi vida pronto será mejor porque mi bebé estará en ella.
103. Elijo ser feliz por mí y por mi bebé.
104. Anhelo una nutrición saludable a lo largo de este embarazo.
105. Voy a estar perfectamente relajada durante el proceso de parto.
106. Me apetece comer alimentos nutritivos y disfruto cada comida que comparto con mi bebé.
107. Trasciendo todo el dolor durante el proceso de parto.
108. Mi vientre está lleno de amor.
109. Confío en que mi cuerpo sepa cómo guiar con seguridad a mi bebé fuera del vientre hacia mis brazos.
110. Mi cuerpo es fuerte y capaz.
111. Mi pareja está excepcionalmente bien equipada para cuidarnos a mí y al bebé
112. Puede haber días difíciles durante este embarazo, pero soy fuerte, estoy decidida y soy resistente.
113. Respiro profundamente y siento la presencia de mi bebé dentro de mi cuerpo.
114. Estoy formando mucha leche para mi bebé y aprecio todo el trabajo de mis senos.
115. Estoy teniendo una experiencia maravillosa desde la concepción hasta el nacimiento.

116. Libero la incomodidad del embarazo, dejo ir la preocupación, la tensión y el miedo al parto y me concentro en la alegría de conocer a mi hijo.
117. Libero todos mis temores y confío en que estoy lista para esto.
118. Dar a luz es normal y natural y mi bebé y yo estaremos sanos y felices cuando todo termine.
119. Estoy mental, financiera, emocional y espiritualmente equipada para este embarazo.
120. Me envuelvo en una manta cálida y positiva que reconforta y nutre la vida que crece dentro de mí.
121. Una madre increíble vive dentro de mí. Esa madre va a nacer junto con mi bebé.
122. No importa el sexo del bebé, mi bebé es perfecto.
123. Estoy absolutamente comprometida a proporcionar un ambiente hogareño seguro y feliz a mi hijo.
124. Soy un motor perfectamente funcional para la creación de vida.
125. Seré paciente y valiente durante todo el proceso de parto.
126. Mi útero está lleno de energía vital.
127. Estoy atenta a esta experiencia. Estoy comprometida con la nutrición óptima, el ejercicio y el descanso.
128. Mi cuerpo es poderoso y está lleno de luz.
129. Fui hecha para ser madre. Confío en mi cuerpo.
130. Es tan emocionante saber que una nueva vida está creciendo dentro de mí.
131. Amo mi cuerpo embarazado; es radiante, hermoso y dichoso porque está equipado con todo lo que necesito para cuidar a mi bebé.
132. Mis cicatrices de embarazo cuentan una historia de mi viaje a la creación de vida.
133. Me veo a mí misma aquí y ahora sosteniendo a mi hermoso bebé en mis brazos. Ambos estamos felices, sanos e íntimamente conectados.

134. Acojo todas las experiencias en este viaje hacia la maternidad.
135. Estaré activa para asegurar un gran parto y un bebé sano.
136. Cada embarazo es una experiencia única y hermosa. Estoy disfrutando conscientemente de este viaje único.
137. Cada patada es un recordatorio de una bendición en desarrollo dentro de mí.
138. Un sentimiento cálido me llena al pensar en el milagro que se está formando dentro de mi cuerpo.
139. Elijo experimentar la belleza de un nacimiento natural y eso es lo que voy a experimentar.
140. Sólo respira que todo saldrá bien.
141. Respiro profundamente y sonrío cada vez que pienso en mi embarazo.
142. El vínculo entre mi bebé y yo es inseparable.
143. Hay vida dentro de mí que cuidaré por el resto de mi vida.
144. No le temo al trabajo de parto. Me siento cada vez más cerca de mi bebé con cada contracción.
145. Voy a pensar positivamente, porque todo va a estar bien y mi bebé va a estar bien.
146. Mi bebé sabe el amor que tengo y lo siente dentro de todo su cuerpo.
147. Todas las partes de mi cuerpo están trabajando juntas en armonía para un embarazo saludable, tranquilo y feliz.
148. Hay belleza en el crecimiento de mi vientre y el resto de mi cuerpo.
149. Toda mi familia va a estar profunda e íntimamente conectada después de nuestro nacimiento.
150. Acaricio mi barriga y siento que mi bebé disfruta de este tiempo dentro de mi vientre.
151. Mis decisiones a lo largo de este embarazo se basan en hechos, no en el miedo.
152. Mi cuerpo está aceptando a este bebé y lo protegerá.
153. Acepto la ayuda de otros en este viaje hacia el nacimiento.

154. Cualquier día de estos, mi vida cambiará para mejor contigo en ella.
155. Mi cuerpo está nutriendo maravillosamente al niño que llevo conmigo. Mi hijo está perfectamente sano.
156. Mi cuerpo está perfectamente cualificado para este viaje.
157. Consulto con mi médico, pero escucho a mi cuerpo y a mi corazón cuando decido cómo voy a dar a luz.
158. Estoy disfrutando de mi embarazo una mariposa a la vez.
159. Me siento bendecida y favorecida de poder tener este bebé dentro de mí.
160. Me imagino un parto saludable de un bebé saludable.
161. Dejo ir todas las preocupaciones antes, durante y después del parto.
162. Soy capaz de dar a luz a este bebé.
163. Comparto palabras de afirmación, calidez y amor con mi bebé.
164. Mi bebé está a salvo y se está formando perfectamente.
165. Tomaré las decisiones correctas para mi bebé.
166. Una madre increíble vive dentro de mí y nacerá junto con mi increíble bebé.
167. Este es un gran momento. Esta es una experiencia milagrosa. Estoy emocionada por ser madre.
168. Mi amor por ti crecerá cada día como tú lo harás.
169. La cabeza de mi bebé encaja perfectamente en mi pelvis.
170. Confío en que mi cuerpo ayude a guiar a mi bebé a este mundo, a mis brazos.
171. Me siento conectada a mi bebé y mi bebé se siente conectado a mí.
172. Soy fuerte y estoy lista para dar a luz a un bebé hermoso y saludable.
173. Mi bebé se está convirtiendo en una persona fuerte, feliz y segura.
174. Mi felicidad está dentro de mi vientre y estará aquí en 9 meses.

175. Puedo soportarlo todo y soportaré todo lo que venga a mi camino.
176. Espero desarrollar una relación amorosa con mi bebé y verle crecer hasta convertirse en un adulto exitoso y feliz.
177. Apreciaré cada dedo pequeño del pie, dedo, hueso, expresión facial y más.
178. Así como cuido bien de mí, cuido bien a mi bebé.
179. Mi alma te ama bebé.
180. Mi bebé siente la paz que yo siento.
181. Me mantengo en paz por mí y mi bebé. Soy el pacificador de mi vida.
182. Mi bebé encontrará la posición perfecta para nacer.
183. Cada semana estoy un paso más cerca de conocer mi bulto de alegría.
184. Le hablo con amor a mi hijo y me hablo a mí misma con amor.
185. ¡Soy una futura madre altamente capacitada! Si hay que tomar decisiones difíciles, puedo hacerlo y lo haré.
186. Todo lo que necesito para cuidar de este bebé ya está dentro de mí.
187. Mis náuseas matutinas son las emociones abrumadoras de felicidad que mi bebé tiene porque soy su madre.
188. Soy lo suficientemente buena para ser la madre que este niño necesita y cuidar de este niño dentro de mí.
189. Los alimentos que como nutren el cuerpo de mi hijo.
190. Soy una buena madre.
191. Concebí a este bebé con amor. Voy a dar a luz a este bebé enamorado. Criaré a este bebé con amor.
192. No puedo esperar a estar con mi pequeño.
193. Mi cuerpo es perfectamente capaz de nutrir la vida interior.

CAPÍTULO QUINCE

AFIRMACIONES POSITIVAS PARA MOMENTOS DIFÍCILES

1. Independientemente del desafío, estoy creando valor en el mundo a través de mi negocio.
2. Los desafíos son oportunidades para aprender y crecer.
3. Mis cuentas están pagadas y viviré libremente. Me niego a preocuparme.
4. Puedo superar cualquier cosa en mi vida.
5. Aprenderé lo que necesito a partir de hoy, lo que me hará una persona más fuerte.
6. Cuando he hecho todo lo que sé hacer, elijo dejar descansar mi mente.
7. Sé cuando perseverar en un camino y cuando dejar ir y cambiar de rumbo.
8. Lo que sea por lo que estoy pasando me está guiando hacia donde quiero ir.
9. Creo un mundo alegre y pacífico en el que vivir a pesar de los desafíos.
10. Los retos a los que me enfrento me dan energía y propósito.
11. Aunque estos tiempos son difíciles, son sólo una fase corta de la vida.
12. Este negocio está creciendo a la velocidad adecuada para tener éxito.
13. Fluyo fácilmente con los cambios que experimento.
14. Estoy a salvo y seguro pase lo que pase.
15. Los tiempos difíciles no se llevan lo mejor de mí.
16. Tengo la fuerza y el coraje para superar cualquier situación.

17. Doy la bienvenida al miedo como una señal de tener cuidado, pero prefiero dejarlo ir cuando ya no me sirve.
18. Mi compromiso de presentarme mañana opaca los errores que he cometido.
19. No hay problemas, sólo retos.
20. Cuando tengo una crisis en el trabajo, me recuerdo a mí mismo que gano mucho dinero y amo lo que hago.
21. Hoy el dinero me llega sin esfuerzo.
22. Dejo atrás el estrés y la ansiedad a partir de hoy.
23. Acepto los desafíos en mi vida.
24. Puedo superar cualquier cosa.
25. Tengo la capacidad de superar cualquier obstáculo.
26. Sé que la vida no está destinada a ser fácil, así que me preparo para las estaciones.
27. Hoy puede ser difícil, pero mañana es un nuevo día.
28. Puedo sobrevivir y sobreviviré a todo lo que la vida me depare.
29. Estoy haciendo lo que puedo con los conocimientos y habilidades que tengo para sobrevivir a esto.
30. Nada dura para siempre. Esta experiencia también pasará.
31. Soy digno de amor y mi vida tiene sentido a pesar de mis pérdidas.
32. Puedo superar cualquier cosa.
33. Mis ingresos crecen constantemente. No estoy preocupado.
34. Estoy listo para convertirme en la mejor versión de mí mismo.
35. Cada día estoy más fuerte.
36. No tengo que recorrer este camino solo. Tengo, o puedo encontrar, personas en mi vida y ejemplos que me apoyen e inspiren.
37. Acepto los desafíos en mi vida.
38. Cuando las circunstancias cambien, me sentiré más agradecido por lo que tengo.

39. Me aferro en la oscuridad a lo que sé que es verdad en la luz, en tiempos mejores.
40. Me enfrento audazmente a mis miedos ya que el valor no significa no tener miedo al peligro, sino enfrentarme al peligro a pesar de ese miedo.
41. Puedo resolver cualquier problema.
42. Los problemas de la vida no son resueltos por personas perfectas, sino por aquellos los enfrentan. Yo los enfrento.
43. No dejaré que el miedo me controle.
44. No tengo que resolver todo esto hoy.
45. Atraigo la abundancia financiera a mi vida.
46. Soy flexible y puedo adaptarme cuando la vida no va según lo previsto.
47. Hago lo mejor que puedo, y así elijo liberarme de la culpa y la vergüenza.
48. La vida está llena de cambios constantes. Mi dolor, aunque es muy real, no será tan agudo para siempre.
49. Poco a poco me estoy convirtiendo en el tipo de persona que puede sobrevivir a esta tormenta.
50. Este es sólo un capítulo de la historia de mi vida.
51. Estoy protegido; estoy a salvo.
52. La libertad que gano al dirigir mi propio negocio es mi mayor recompensa.
53. Hay una gran demanda de mis habilidades y destrezas particulares. No me voy a frustrar.
54. No soy una carga para nadie ya que gano mucho dinero y disfruto de lo que hago.
55. Sé que merezco amor y lo acepto incluso ahora.
56. Soy una persona fuerte y capaz.
57. Me río de la vida y elijo no ofenderme por nada ni por nadie.
58. Mi capacidad para alcanzar la grandeza dentro de este desafío es ilimitada.
59. No estoy solo. Hago amigos fácilmente donde quiera que voy.

60. No llevo equipaje emocional. Libero fácilmente las viejas heridas, el resentimiento y la ira.
61. Me perdono por los fracasos del pasado.
62. No importa lo que pase, soy amable y paciente conmigo mismo.
63. Fluyo con la corriente, mi vida es fácil y está llena de alegría.
64. Los desafíos actuales no pueden definirme. El pasado no tiene poder sobre mí.
65. Inhalando, estoy calmado. Exhalando, sonrío. Mantengo la calma.
66. Ayudar a otros a conseguir lo que quieren es el primer paso para conseguir lo que yo quiero.
67. Libero todas las emociones negativas del día.
68. Las necesidades de mi familia están satisfechas a través del trabajo que estoy haciendo.
69. No me desaniman los problemas a los que me enfrento. Mis sueños para mi negocio se alinean con mis valores fundamentales en la vida.
70. En este viaje confío en mí mismo y confío en la vida.
71. No importa lo que vea en las noticias, estoy a salvo donde quiera que vaya.
72. Mi éxito es inevitable si sigo trabajando duro para alcanzar mis metas.
73. Estoy agradecido con los que me han ayudado. Estoy agradecido conmigo mismo.
74. El universo envía vibraciones positivas a mi manera.
75. Mis pasiones me sostienen mientras hago lo que amo y mis ingresos crecen cada día.
76. Soy una persona fuerte.
77. Hoy estoy creando oportunidades para crecer como persona y mi negocio. Nada puede detenerme.
78. A pesar de las voces negativas, lo que estoy haciendo es marcar una diferencia en el mundo.

79. Los desafíos en los negocios no pueden detenerme. Soy un empresario natural. Este es mi llamado en la vida.
80. Ahora mismo estoy lleno de alegría y tranquilidad.
81. No me estoy agotando. En los aspectos de generación de valor de mi negocio es donde pongo mi esfuerzo.
82. Donde otros ven un desafío, yo veo nuevas oportunidades.
83. Seré proactivo en descubrir los obstáculos para alcanzar mis logros.
84. Combino coraje y acción con grandes esperanzas de disfrutar de la mejor vida posible.
85. Sé que todo me sale bien al final.
86. Sé que mi situación en este momento es temporal y que sólo está mejorando día a día.
87. Libero toda la negatividad de mi vida.
88. No soy un fracasado, sino un sobreviviente. Estoy diariamente en el proceso de sobrevivir.
89. Estoy rodeado de gente esperanzada y positiva.
90. Me rindo completamente y dejo ir cualquier ilusión sobre tener el control.
91. Deseo aprender cosas nuevas.
92. Hay un plan para mi vida y esto es algo que necesito superar.
93. Puedo, lo haré, debo superar esto.
94. Me río de mis sentimientos de depresión lo que hace que se disipen.
95. Estoy mejorando constantemente.
96. Sé que me convertiré en una versión más fuerte de mí mismo por lo que estoy pasando.
97. El tiempo es mi amigo. Termino todas las tareas que necesito terminar.
98. Elijo trascender completamente estos sentimientos de depresión.
99. Las respuestas sobre cómo sentirse mejor vienen a mí con facilidad.

100. No soy el único que se ha enfrentado a este tipo de trauma y no seré el último.
101. Creo en mí mismo y me amo a mí mismo.
102. Esta no es la vida que está diseñada para mí.
103. Estoy de pie dentro por mí mismo.
104. Siento que los sentimientos pesados se desvanecen.
105. Mi mente y mi cuerpo se sienten claros y positivos.
106. Elijo ser tranquilo conmigo mismo.
107. El mundo exterior no puede sacudir mi paz interior. Confío en que todo está bien y que todo está funcionando para mi bien más alto y grande.
108. Constantemente encuentro nuevas actividades que me ayudan a sentirme positivo y motivado.
109. Sé que todos mis deseos se están cumpliendo.
110. La gente me apoya en mi viaje y eleva mi espíritu porque me aman.
111. Mi vida mejora cada día.
112. No tengo miedo de pedir a mis seres queridos que me apoyen y ayuden en mi viaje.
113. Mis desafíos son reales, pero puedo mantenerme positivo a través de ellos.
114. Dios está levantando mi depresión.
115. La atención plena me ayudará a sacar el máximo provecho de mi tiempo.
116. Decido que puedo curarme completamente.
117. Asumo la responsabilidad de mis éxitos y mis fracasos.
118. Todo es temporal. El éxito es temporal. El fracaso es temporal.
119. Todo lo que me pasa es otra oportunidad para elegir el amor.
120. Esto también pasará.
121. Ningún miedo puede asustarme: ¡Soy audaz!
122. Uso mi cuerpo para contrarrestar los sentimientos de depresión. Mantengo posturas fuertes que me ayudan a sentirme feliz y seguro.

123. No me desanimaré. Este es mi llamado en la vida.
124. Pase lo que pase, me encanta trabajar. Me da energía y me hace concentrarme.
125. No importa los desafíos que enfrente, ¡mantengo la fuerza, la calma y la paz!
126. Siempre permanezco fuerte.
127. Siempre me mantengo audaz.
128. Siempre permanezco decidido y con fe en mi corazón.
129. Soy una persona fuerte y sigo adelante. ¡Siempre sigo adelante!
130. ¡Mi vida es una vida audaz!
131. Busco el crecimiento y el desarrollo personal porque me hace sentir mejor y más positivo.
132. El éxito que quiero es el final natural del trabajo que estoy haciendo.
133. Soy la persona más poderosa que conozco y nada me hace retroceder.
134. Soy audaz en cada minuto de mi vida.
135. Todos mis deseos y necesidades están siendo satisfechos por el universo.
136. Mi pasión y mi propósito me llevan a través de los desafíos y hacia el éxito.
137. Dejo ir a las personas que no están contribuyendo a la creación de una salud mental positiva para mí.
138. Mis experiencias son experiencias audaces.
139. Cada día me siento más y más positivo.
140. Soy una persona valiente.
141. Dejo ir todos los pensamientos negativos que están contribuyendo a mi depresión.
142. En esta economía, mi negocio me hace más fuerte y más feliz.
143. No hay nada que pueda concebir que no pueda lograr.
144. Tengo grandes poderes dentro de mí.
145. Tengo pensamientos positivos, estimulantes y alentadores.

146. Soy más fuerte. Puedo mover montañas.
147. Tengo la habilidad de manifestar mis metas y sueños cuando lo desee.
148. Sé cómo permanecer audaz e inquebrantable.
149. Estoy agradecido por las lecciones que la vida me ha enseñado porque me han hecho más fuerte.
150. Lo que hablo se hace realidad en mi vida, por lo tanto, sólo hablo positivamente.
151. Ninguna situación puede venir en mi camino.
152. Estoy transformando mi vida para mejor en cada área de mi vida.
153. Mi vida está hecha para la alegría. Viviré con exuberancia.
154. Me perdono completamente y me amo a mí mismo en el aquí y ahora.
155. Supero todos los obstáculos
156. Sé que estoy guiado en esta vida y tengo fe en que mi vida saldrá perfectamente.
157. No hay nada que no pueda superar.
158. Fácilmente dejo ir a la gente que es negativa y que no me apoya.
159. No soy olvidado. Mi energía atrae a los clientes y a los clientes que necesito para tener éxito.
160. Tengo tanto valor que añadir y dar al mundo.
161. Cada día atraigo más éxito y felicidad.
162. No dependo de nadie más. Pero acepto ayuda cuando se me ofrece.
163. Tengo esperanzas de un futuro mejor.
164. Tengo lo que hace falta para hacer realidad mis sueños.
165. Soy simpático y positivo.
166. El retorno siempre es mayor que el retroceso.
167. Soy consciente de que soy el creador de mi existencia.
168. Sé que ningún desafío es demasiado grande para que yo lo asuma y triunfe.
169. Siempre tengo muchas esperanzas.

170. No escucho ni presto atención a las personas negativas ni a lo que dicen.
171. Me siento tan positivo con respecto a la dirección que está tomando mi vida.
172. Yo sigo adelante y persevero hacia mis sueños sin importar lo que pase.
173. Estoy agradecido por la capacidad de tener esperanza.
174. Dejé ir todas las preocupaciones que tengo porque me vacía de energía vital.
175. Tengo el valor de seguir adelante.
176. Me encanta cómo mis pasiones me dan esperanza para un futuro mejor.
177. Soy decisivo y siempre tomo decisiones excelentes en estos tiempos.
178. Tengo más fuerza de la que conozco.
179. Atraigo a la gente a mi vida que es positiva y edificante.
180. Busco la felicidad desde dentro.
181. No me defino por mi diagnóstico, es sólo una opinión.
182. Me siento completamente a gusto con el mundo.
183. Me siento genial en mi propia piel.
184. Creo cambios positivos en mi vida con facilidad.
185. Elijo reemplazar los pensamientos negativos con pensamientos positivos con facilidad.
186. Amo completamente quien soy.
187. La esperanza es siempre una solución a todos mis problemas.
188. Tengo una mentalidad de crecimiento.
189. Me renuevo completamente con altos niveles de esperanza cada día.
190. Admito mis verdaderos sentimientos. Esto no es una debilidad, es una fuerza que simplemente no me ha sido revelada todavía.
191. No seré derribado por mis circunstancias.

CAPÍTULO DIECISÉIS

AFIRMACIONES POSITIVAS PARA PERDER PESO

1. Creo que puedo perder peso.
2. Mi salud es lo más importante para mí.
3. Estoy evitando los carbohidratos excesivos.
4. Estoy feliz y agradecido de haber perdido ____ kilos.
5. No hay necesidad de consumir alimentos altos en grasa o azucarados.
6. Tengo el poder de controlar mi peso a través de una alimentación saludable y el ejercicio.
7. Mi cuerpo es un templo. Mantendré limpio mi templo.
8. Puedo seguir la corriente.
9. Mi cuerpo es mi mejor amigo.
10. Cuando como bien, hago ejercicio y duermo lo suficiente, estoy invirtiendo en mí mismo.
11. Estoy orgulloso de todo lo que mi cuerpo hace por mí cada día.
12. Escucho lo que mi cuerpo necesita.
13. No comparo mi cuerpo con el de otras personas.
14. Me encanta lo que mi cuerpo es capaz de hacer ahora y en el futuro.
15. Estoy agradecida de que mi cuerpo sea hermoso y fuerte.
16. Uso mi cuerpo con amor, orgullo y cuidado.
17. Tener días malos está permitido.
18. Soy valiente para soportar días como hoy.
19. Soy paciente y amable conmigo mismo.
20. Mañana es más que otro día; es otra oportunidad para brillar.

21. Estoy deseando volver a sentirme mejor con respecto a las cosas.
22. La vida es dura a veces, pero yo también.
23. Soy un sobreviviente y eso me hace sentir orgulloso de mí mismo.
24. En días difíciles como éste, me quiero más que nunca.
25. Mis días malos y mis momentos infelices siempre pasarán.
26. Puedo ver el final de este tiempo difícil y me muevo hacia él con cada respiración que tomo.
27. Merezco sentirme bien conmigo mismo en este momento.
28. Esta energía positiva es de mi propia creación.
29. Estoy emocionado por y para la vida.
30. Me gusta sentirme bien conmigo mismo.
31. Es importante que me tome un momento para apreciar el sentimiento de paz conmigo mismo.
32. Estos buenos días alimentan mi alma y me ayudan a prepararme para tiempos difíciles.
33. Me celebro a mí mismo y a lo que he logrado hoy y todos los días.
34. El futuro es brillante y también lo es la luz que brilla dentro de mí.
35. Mi objetivo es compartir con los demás la positividad y el amor que siento por la vida.
36. Sonrío con confianza en mí misma y en el futuro.
37. No tengo que cambiar por nadie.
38. No hay nadie más en el mundo como yo. Esa es mi magia.
39. No tengo miedo de ser diferente.
40. Me acuesto temprano para poder despertarme descansado y fuerte.
41. Atraigo las habilidades ilimitadas de la naturaleza para que me ayuden a alterar mi peso corporal actual.
42. Mi cuerpo puede curarse y alcanzar nuevas metas gracias a la naturaleza.

43. Mi cuerpo y mi mente están siendo restaurados y una mentalidad tóxica los abandona.
44. Reconozco que la naturaleza tiene una fuerza curativa nutritiva que llena mi cuerpo y mi alma.
45. Los alimentos que la naturaleza proporciona están transformando mi cuerpo y completándome.
46. Reconozco que cada día en la naturaleza es un regalo del universo y trato de pasar tiempo al aire libre.
47. Llevo una dieta equilibrada y hago ejercicio todos los días.
48. Acepto la energía que la comida me proporciona cada día.
49. Entiendo completamente que los alimentos no saludables no me ayudan a perder peso, así que sólo como alimentos saludables y nutritivos.
50. Los sonidos, olores y aspectos visuales de la naturaleza tienen poderes que revitalizan y promueven la salud y me atraen.
51. La sanación está ocurriendo tanto en mi cuerpo como en mi mente.
52. Ya no siento la necesidad de llenar mi cuerpo con alimentos poco saludables y puedo resistir las tentaciones fácilmente.
53. Soy la mejor versión de mí mismo y estoy trabajando duro para ser aún mejor. Perderé peso porque quiero y tengo el poder para hacerlo.
54. Controlo el estrés haciendo cosas que son saludables pero efectivas como tomar un baño caliente o ver una película divertida.
55. Siento emoción cuando la vida me trae desafíos, y los acepto con gusto sin ninguna culpa o ansiedad.
56. Disfruto la vida manteniéndome en forma y manteniendo mi peso ideal.
57. Ser yo mismo es bueno y gratificante, y siempre percibo los retos como oportunidades para probar mis habilidades.
58. Tengo un aprecio por la vida al aire libre. Esto ayuda a mi cuerpo a conectarse con la naturaleza para que pueda transformarse.

59. Entiendo mis metas y dejo ir cualquier patrón de pensamiento negativo que me desanime a alcanzarlas.
60. Cada vez que inhalo, la confianza llena todo mi ser y cada vez que exhalo, toda la culpa y la timidez se desvanecen.
61. Siempre mastico bien mi comida para que mi cuerpo pueda digerirla y sacar los nutrientes.
62. Estoy dejando ir cualquier culpa que tengo alrededor de la comida.
63. Atesoro mi salud y mi bienestar. Con un cuerpo fuerte y una mente sana, puedo asumir desafíos y cumplir con mis metas.
64. Tengo la mentalidad correcta. Soy una persona enfocada, y no dejaré de hacer nada cuando me sienta desafiado o maltratado.
65. Sé que necesito perder peso.
66. Reconozco tanto mis cualidades como mis defectos y siempre me esfuerzo por mejorar.
67. Me libero de toda la culpa que estoy cargando por la comida que elegí en el pasado.
68. Elijo aceptarme exactamente como soy y ser feliz con mi vida.
69. Estoy cada vez más cerca de mi peso ideal con cada día que pasa.
70. Tengo un fuerte impulso de comer sólo alimentos saludables, y dejar ir cualquier alimento procesado.
71. Cada día es un nuevo día para empezar con un pie positivo y estable.
72. Me siento intensamente impulsado a alcanzar mi meta de pérdida de peso.
73. Creo en mi capacidad para amarme y aceptarme por lo que soy.
74. Creo en mi capacidad para cambiar mis hábitos y crear otros nuevos y positivos.
75. Me encanta y acepto el viaje de la pérdida de peso, disfruto cada paso del camino.

76. Está perfectamente claro para mí cómo todos los aspectos positivos sobre la pérdida de peso superan a los negativos.
77. Me detengo en todos los efectos positivos a largo plazo que mi pérdida de peso me traerá y me inspira.
78. Cada célula de mi cuerpo está sana y en forma y yo también.
79. Quemo grasa con facilidad.
80. No presto atención a que la gente me diga que mis metas no son posibles.
81. Mis metas de peso son alcanzables porque invoco el poder de la naturaleza.
82. Siempre me visualizo con mi peso ideal.
83. Me encanta la idea de mantener mi peso corporal perfecto con facilidad.
84. Mi salud mejora cada día más y más, al igual que mi cuerpo.
85. Cada día me acerco más a mi peso ideal.
86. Me siento más fuerte sabiendo que los nutrientes de la naturaleza están trabajando en mi sistema y mi mente. Confío en su poder para hacer una diferencia en mi condición física.
87. Todo el peso que pierdo, lo pierdo permanentemente.
88. Estoy elevando mi nivel y el de mi salud.
89. Puedo hacer esto, lo estoy haciendo, mi cuerpo está perdiendo peso ahora mismo.
90. Doy gracias por tener un cuerpo que es capaz de hacer ejercicio y perder peso de manera efectiva.
91. Como normalmente en proporciones perfectas y apropiadas.
92. Hoy reconozco el poder curativo de la naturaleza en mi vida y me siento agradecido por este maravilloso regalo.
93. Fácilmente tengo tiempo para mis entrenamientos y ejercicios entre mi horario de trabajo y de vida.
94. Todos los días hago ejercicio y cuido de mi cuerpo.
95. Escucho a mi cuerpo cuando me dice que necesito comer, no como por aburrimiento.
96. Estoy tan feliz y agradecido ahora que peso _____ kilogramos.

97. Estoy totalmente comprometido con mi peso corporal ideal.
98. La naturaleza está activando los mecanismos de auto-reparación de mi cuerpo, por lo que mis objetivos de pérdida de peso son más fáciles de alcanzar.
99. No sólo está mejorando mi salud, sino toda mi vida. ¡Y se siente muy bien!
100. Tengo el control total de mi peso.
101. Estoy dominando mi pérdida de peso y mi salud cada día más.
102. La pérdida de peso es tan fácil y natural para mí como inhalar y exhalar.
103. Me encanta establecerme nuevas metas que me mantengan inspirado y motivado para seguir adelante con mi pérdida de peso.
104. Mi cuerpo se está reparando y reconstruyendose a sí mismo porque acepto las cosas sanas y naturales y esto me está ayudando.
105. Estoy siendo limpiado y liberado por la naturaleza.
106. Estoy agradecida por este nuevo cambio de estilo de vida y me encanta perder peso.
107. Mi enfoque y conducción nunca vacilan en mi viaje para perder peso.
108. Acepto mi cuerpo exactamente como es y trabajo constantemente para mejorarlo.
109. Creo en mis habilidades y sé que tengo lo que se necesita para transformar mi cuerpo y mi mente.
110. Veo la comida como un combustible, no como algo con lo que reprimir las emociones.
111. Me encanta el viaje de la salud y me comprometo a un cambio de estilo de vida, no sólo a un plan dietético. Es lo que soy ahora y para siempre.
112. Estoy cada vez más cerca de mi peso ideal con cada día que pasa.

113. Fácilmente dejo ir relaciones que no benefician mi pérdida de peso y mi salud.
114. Mi metabolismo es alto y efectivo para quemar grasa y ayudar con la pérdida de peso.
115. Siento que se disuelve mi deseo por ingerir alimentos no saludables y ricos en grasas.
116. Me gusta comer alimentos saludables.
117. Tengo todo el poder mental y físico necesario para una pérdida de peso efectiva y duradera.
118. Mi pérdida de grasa progresa cada día y el progreso se siente tan bien.
119. Siento que mi cuerpo pierde peso en cada momento del día hasta que alcance mis metas.
120. Estoy muy agradecida de que hay tantas herramientas y consejos que puedo usar para ponerme en forma para la vida.
121. Me estoy volviendo más activo físicamente cada día.
122. Es seguro para mí cambiar mi cuerpo.
123. Inspiro a la gente con mi dedicación y compromiso con el acondicionamiento físico y la pérdida de peso.
124. Comer alimentos saludables ayuda a mi cuerpo a obtener todos los nutrientes que necesita para estar en mejor forma.
125. Cada persona es diferente y no tengo ninguna expectativa con respecto a mi pérdida de peso, sólo que es y seguirá sucediendo.
126. Tomo decisiones con facilidad que apoyan mi viaje de pérdida de peso.
127. Aprecio cada cosa que tengo en mi vida y vivo con absoluta alegría.
128. Mi sistema cardiovascular funciona perfectamente, ayudándome a alcanzar mis objetivos de pérdida de peso con facilidad.
129. Me comprometo a amarme a mí mismo durante todo este viaje.

130. Soy capaz de lograr mis objetivos de pérdida de peso y no dejaré que nada se interponga en mi camino hasta entonces.
131. Estoy viendo cómo se derrite la grasa de mi cuerpo un poco más cada día.
132. Tengo antojo de alimentos saludables e integrales cada día más.
133. Todo el universo conspira para ayudarme a perder peso y grasa.
134. Todos mis sentimientos y emociones se basan en mi pérdida de peso.
135. Estoy alcanzando y manteniendo mi peso deseado.
136. Me sumerjo en estados profundos de sueño y relajación, ayudando a mi cuerpo a recuperarse perfectamente cada día.
137. Todo lo que como sana y nutre mi cuerpo, lo que me ayuda a alcanzar el peso ideal.
138. Mi corazón y mi alma son tan apasionados y están impulsados hacia el logro de mis metas de pérdida de peso.
139. Me encanta ir al gimnasio y comer sano.
140. Mi cuerpo es mi templo, y lo cuido atentamente todos los días comiendo sólo alimentos saludables que me curan y nutren.
141. Todas y cada una de mis células se sienten sanas y vibrantes.
142. Me acepto a mí mismo tal como soy y estoy mejorando cada vez más en todo lo que hago.
143. Estar vivo me hace una persona feliz.
144. Sustituyo "debo", "tengo que" y "debería" por "elijo".
145. Soy fiel a mi maravilloso ser.
146. Soy amado por quien soy ahora mismo.
147. En el futuro todo irá bien con mi hermosa alma.
148. Confío en que soy lo suficientemente fuerte para enfrentarme a lo que me depare el futuro.
149. Me comprometo a un nuevo estilo de vida que es beneficioso no sólo para la pérdida de peso, sino también para una mayor confianza y autoestima.

150. Inhalo confianza en mí mismo y exhalo miedo y ansiedad.
151. Estoy perfectamente satisfecho con la cantidad perfecta de comida que necesito para perder grasa.
152. Estoy agradecido con mi cuerpo por todas las cosas que hace por mí.
153. Escucho lo que mi cuerpo me dice que necesita.
154. Todas las personas que me rodean están totalmente de acuerdo con mi pérdida de peso.
155. Soy consciente de que mi metabolismo está trabajando a mi favor para ayudarme a tener mi peso óptimo.
156. Amo mi cuerpo por completo, lo que me ayuda en mi viaje a perder peso.
157. Estoy en forma y confiado en mi propio cuerpo, le digo a mi cuerpo y a mi mente lo que debo hacer. No al revés.
158. Conocer gente nueva es fácil. Puedo crear relaciones de apoyo y hacer nuevos amigos sin sentirme ansioso.
159. Priorizo el trabajo por el progreso y no por la perfección.
160. Puedo confiar en mí mismo para seguir adelante con mis planes de pérdida de peso
161. Mi mente está llena de pensamientos positivos.
162. Me fijé metas realistas pero desafiantes que me inspiran a perder peso y sentirme bien.
163. Frecuentemente leo y veo contenido que me ayuda a adquirir conocimientos e ideas para una pérdida de peso efectiva.
164. Tengo el poder de controlar fácilmente mi peso a través de una combinación de alimentación saludable y ejercicio.
165. Ejercitarme me resulta natural.
166. Confío en mí mismo, y tengo la confianza de que soy una persona digna que todos respetan.
167. Confío plena y completamente en mí mismo para tomar las decisiones correctas que crean una gran pérdida de peso.
168. Mis pensamientos son constantemente positivos y giran en torno a imágenes positivas de que estoy en forma y saludable.

169. Comparto con la gente mis ideas y consejos para perder peso ya que sé que refuerzan mis nuevas creencias.
170. Importa poco lo que digan los demás. Lo que realmente me importa es cómo reacciono y en qué creo.
171. Soy amable, cariñoso, compasivo, y realmente me preocupo por la gente que me rodea.
172. Inhalo relajación y exhalo estrés.
173. Tengo todo lo que se necesita para perder peso y lograr mi peso corporal ideal.
174. Soy una persona segura de sí misma que es respetada por todos los que la rodean.
175. Soy una persona única y digna, y merezco el respeto de todos.
176. Soy entusiasta y enérgico, y la confianza es una parte importante de mi naturaleza.
177. Me respeto a mí mismo y también a los demás a mi alrededor.
178. Me acepto a mí mismo y me amo por lo que soy.
179. Confío y creo en mí mismo y dejo ir lo negativo.
180. Me encanta mi confianza absoluta en mí mismo. Mi cuerpo es hermoso, y disfruto cada cosa de él.
181. Me merezco todo lo que es bueno en este mundo. Libero cualquier necesidad de sufrimiento, y puedo sentir felicidad, confianza y amor entrando en mi cuerpo, mente y alma.
182. Nunca me comparo con los demás, ya que entiendo mi singularidad.
183. Tengo integridad, ya que soy una persona de confianza y siempre hago exactamente lo que digo.
184. Estoy sana, bien cuidada y guapa, y reconozco mi belleza interior y exterior.
185. Cada vez que inhalo, la energía fresca llena todo mi ser y cada vez que exhalo, todas las toxinas y la grasa corporal salen de mi cuerpo.
186. El cambio es inevitable y lo acepto de todo corazón.

187. Soy una persona que acepta fácilmente nuevos retos.
188. Merezco cosas buenas en mi futuro.
189. Estoy deseando vivir el mañana, y el mañana es el mañana.
190. Mi tasa de metabolismo está en su nivel óptimo y esto me ayuda a alcanzar mi peso corporal ideal.
191. Me llegan ideas e inspiración sobre la pérdida de peso incluso en mis sueños.
192. A veces no sé adónde voy, pero encontraré mi camino. Y será fabuloso.

CAPÍTULO DIECISIETE

AFIRMACIONES POSITIVAS PARA MANIFESTAR DESEOS

1. El Universo siempre me cubre las espaldas.
2. Las oportunidades llegan en el momento adecuado y en el lugar adecuado.
3. Creo en lo que pueda concebir.
4. Todo funciona perfectamente para mí. Estoy creando mi vida de ensueño.
5. Tengo una habilidad poderosa y natural para visualizar las cosas que deseo.
6. Algo maravilloso está a punto de sucederme.
7. Escucho profundamente las metas y los sueños que ahora me susurran.
8. Los milagros se manifiestan cada día de maneras maravillosas
9. Está bien para mí tener todo lo que quiero. Cada día me muevo en dirección a todo lo que quiero.
10. Vivo en la casa de mis sueños; en un entorno tranquilo lleno de amor, una familia bendecida y niños felices.
11. Soy un maestro en convertir la energía de mis sueños en combustible para una acción poderosa.
12. Cada vez que respiro, inhalo salud y exhalo miseria. Atraigo una vida maravillosa.
13. Soy digno de recibir mi sí. Ahora libero todo lo que no me está ayudando a conseguir mi propósito más alto.
14. Soy lo suficientemente digno para seguir mis más grandes sueños y manifestar mis deseos más profundos.

15. Siempre pienso primero en la otra persona. Por lo tanto, mis relaciones son seguras.
16. Si lo veo en mi mente, lo voy a sostener en mi mano.
17. Soy digno de amor, abundancia, éxito, felicidad y realización.
18. Ahora libero cualquier temor o creencia limitante que pueda tener acerca de lograr mis objetivos.
19. No hay lugar para hablar negativamente de mí mismo en mi vida. Estoy completamente enamorado de mí.
20. Siempre la posibilidad, nunca la falta.
21. Mi yo superior domina mi ego.
22. Estoy creando mi vida de ensueño y todo me sale bien.
23. Mi hogar interior es un retiro pacífico, un almacén de sabiduría práctica.
24. Soy lo suficientemente digno para seguir mis sueños y manifestar mis deseos.
25. Visualizo sin esfuerzo y con frecuencia que vivo mi vida exactamente como deseo.
26. Uso la visualización para reprogramar mi subconsciente.
27. Cada vez tengo más confianza en mi capacidad de crear la vida que deseo.
28. Estoy actuando con inspiración y perspicacia y confío en mi guía interior.
29. No apuesto a cosas pequeñas, me niego.
30. Me abro para recibir la abundancia del Universo.
31. Tengo el toque mágico, todo lo que toco se convierte en oro.
32. Trabajo donde quiero, cuando quiero y con la gente con la que quiero trabajar.
33. Atraigo a gente a mi vida que me ayuda a hacer grandes cosas.
34. Me propongo metas grandes y hago un plan sobre cómo voy a lograrlas.
35. Cuando mi "por qué" es lo suficientemente fuerte y claro, mi "cómo" aparece fácil e instantáneamente.

36. Siempre irradio pensamientos sobre mis sueños y eso me ayuda a atraer a las personas y a los eventos necesarios para lograrlos.
37. Celebro la vida.
38. Tengo los rasgos, cualidades y mentalidad para lograr grandes cosas en esta vida.
39. El universo está conspirando sobre cómo traer riqueza y abundancia masiva a mi vida.
40. Tengo todo lo que necesito ahora mismo y sigo recibiendo más.
41. Hoy la inspiración fluye fácilmente hacia mí.
42. Me siento abundante en el aquí y ahora.
43. No hay nada en esta vida que no pueda tener.
44. Soy generoso. Ayudo a los necesitados.
45. Ahora estoy atrayendo prosperidad de maneras esperadas e inesperadas.
46. Tengo un potencial ilimitado.
47. El Universo me proporciona todo lo que necesitaré.
48. Entiendo que dar es tan importante como recibir y me esfuerzo constantemente por contribuir tanto como pueda.
49. Soy abundante en mis finanzas, en felicidad y en amor.
50. Creo plenamente en mí mismo.
51. Me encuentro en situaciones y con personas que van a añadir más a mi patrimonio neto.
52. Mi cuerpo se sentirá fuerte, capaz y competente todo el día.
53. Hoy me pondré metas nuevas e inspiradoras.
54. Estoy altamente bendecido.
55. Hoy encontraré risas y humor.
56. Hoy aceptaré a cada persona y cada situación.
57. Me rodean personas positivas y genuinas que me ayudan y me animan a alcanzar mis metas.
58. Disfruto de absoluta libertad.
59. Mi confianza crece cada día más y más.
60. El universo me cubre las espaldas.

61. Confío en el Universo. Me da exactamente lo que necesito en el momento preciso.
62. Estoy creando una vida de pasión y propósito.
63. Yo soy amor.
64. Mi actitud será positiva y fortalecedora durante todo el día.
65. Tengo el poder de elegir mi estado emocional y elijo un estado hermoso, feliz y exitoso siempre.
66. Cada día me dirijo hacia mi mejor vida.
67. Atraeré el éxito y el amor a donde quiera que vaya hoy.
68. Inhalo confianza y exhalo miedo.
69. Mi negocio mejora cada día.
70. Acojo este día con los brazos abiertos y agradecido.
71. Sigo bienaventurado. Experimento bienaventuranzas. Soy bienaventuranza.
72. Lo que deseo y lo que pido está alimentado por una creencia ilimitada e inquebrantable en mí mismo.
73. Salgo de mi zona de comodidad para lograr mis metas. Encuentro consuelo en el cambio y en lo nuevo.
74. Haré que las viejas relaciones se fortalezcan hoy y que surjan nuevas relaciones.
75. Todos los días me muevo hacia mi mejor vida.
76. Un amor nuevo y más profundo llegará a mi vida hoy.
77. Yo soy Uno con mi Espíritu.
78. Mi cuerpo y mi mente se desbordarán con energía positiva todo el día de hoy.
79. No creo en los rechazos, sólo en las redirecciones divinas.
80. Me quiero a mí mismo. Me apoyo a mí mismo. Creo en mí mismo.
81. Cada parte de mi cuerpo está despierta y cargada para tener un gran día.
82. Me quiero a mí mismo. Me apoyo a mí mismo. Creo en mí mismo.
83. Sé exactamente lo que quiero y recuerdo mis metas constantemente.

84. Mi espíritu baila al compás de la alegría en mi corazón.
85. Soy guiado divinamente en todo lo que hago.
86. Mis intenciones son claras, poderosas y están completamente alineadas con el propósito de mi vida.
87. Uso el poder de la visualización para manifestar la vida que quiero.
88. Estoy recibiendo una abundancia infinita, inagotable e inmediata.
89. Lo que busco es buscarme a mí.
90. ¡Tengo pensamientos de poder! ¡Tomo medidas de poder! Alcanzo resultados poderosos.
91. Soy inteligente, creativo y motivado. Sólo acepto un sí por respuesta.
92. He compartido la visión de mi comunidad y ayudo a la comunidad con amor.
93. Estoy dispuesto a creer que, si me concentro en sentirme bien, tomo mejores decisiones que me llevan a los resultados deseados.
94. Estoy entero y en perfecto estado de salud.
95. Todo se siente tan bien y confío en que estoy en el camino correcto.
96. Soy rico y próspero en todos los aspectos de mi vida.
97. Experimento el mundo en toda su gloria.
98. Estoy dispuesto a creer que, al elevar mi vibración, atraeré más de lo que deseo.
99. Pienso constantemente en lo que quiero atraer y este pensamiento constante atrae lo que deseo en mi vida.
100. Ahora estoy recibiendo abundancia de manera esperada e inesperada.
101. Estoy dando y recibiendo todo lo que es bueno y todo lo que deseo.
102. Cada célula de mi cuerpo vibra con salud y energía positiva.
103. Estoy atrayendo más y más riqueza y éxito en mi vida cada día.

104. Todo lo que puedo unificar en mi mente y en mi corazón lo puedo manifestar en mi mundo.
105. Confío en mi capacidad de crear la vida de mi deseo y estoy constantemente en ello.
106. Mi vida se desarrolla maravillosamente ante mí mientras recorro mi camino con gracia y facilidad.
107. Mis maestros y mentores me inspiran a vivir en el ahora.
108. Cada uno de mis poros irradia abundancia.
109. Transformo mi mente con el poder de la visualización.
110. Veo belleza donde quiera que voy.
111. Merezco completamente todas las cosas buenas que la vida tiene para ofrecer.
112. Atraigo una abundancia de amor y felicidad en mis relaciones actuales y nuevas.
113. El dinero y el éxito entran en mi vida tan fácil y naturalmente.
114. Me esfuerzo constantemente por elevar mi vibración a través de buenos pensamientos, palabras y acciones.
115. Mi alma está lista para vivir la vida de mis sueños.
116. Le doy vida a mis deseos. Tomo todas las medidas necesarias para ello.
117. Tengo el coraje de seguir mi propio camino y seguir mis sueños.
118. Estoy completamente listo para que mi vida rebose de abundancia.
119. Todos y cada uno de los días me proporcionan la mezcla perfecta de sol y lluvia para convertir mis sueños en realidad.
120. En el ojo de mi mente, veo una vida nueva y vibrante para mí y atraigo esa vida.
121. La fe en mi futuro me eleva más que el miedo.
122. Todas las piezas de mi vida están cayendo perfectamente en su lugar ahora.
123. Pienso en mis metas constantemente y sin descanso y, por lo tanto, las estoy atrayendo.

124. Mi vida tiene un significado masivo y estoy trabajando para dejar un gran legado.
125. Hoy es un gran día para estar vivo.
126. La belleza es el aliento de mi alma.
127. Mis sueños corresponden a mis creencias y mi vida corresponde a mis sueños.
128. Estoy creando mi vida de acuerdo a mis creencias dominantes; y ESTOY mejorando la calidad de esas creencias.
129. Mis intenciones para mi vida son claras. Lo que busco es buscarme a mí.
130. Estoy haciendo una contribución significativa al mundo y SOY maravillosamente compensado por mi contribución.
131. Soy financieramente estable.
132. Estoy atrayendo toda la abundancia que deseo, cumpliendo todos mis deseos.
133. Entiendo que yo y sólo yo soy responsable de la calidad de mi vida.
134. Estoy dispuesto a creer que soy el creador de las experiencias de mi vida.
135. Soy poderoso.
136. Mis pensamientos constantes y acciones subsecuentes crean mis experiencias de vida.
137. Mi actitud positiva siempre atrae el éxito en cualquier esfuerzo que emprenda.
138. Encontraré aventura en el día de hoy.
139. Hoy tomaré las mejores decisiones
140. Soy un imán para la felicidad. Sólo atraigo a gente alegre y feliz en mi vida.
141. Los cheques llegan a mi bandeja de entrada todos los días.
142. Me abro a toda la riqueza y felicidad que la vida tiene para ofrecer.
143. Mi sabiduría crecerá hoy.

144. Mi instinto y la guía interna que recibo me ayudan a avanzar hacia mi meta.
145. Estoy agradecido por todo lo que es y por todo lo que será.
146. Mi riqueza crece en cantidades cada vez mayores.
147. Voy a hacer tantas cosas hoy.
148. Mi alimentación y mi actividad física son tales que atraigo lo mejor de la salud.
149. Hoy gestionaré mi tiempo perfectamente.
150. He desarrollado el hábito de sentirme bien bajo cualquier circunstancia ya que esto me ayuda a ver la vida desde una perspectiva diferente.
151. Amo mis bendiciones.
152. Estoy agradecido por _____.
153. Recibo el día de hoy con gratitud.
154. No tengo límites en mi habilidad de tener las cosas que quiero en esta vida.
155. Me merezco el éxito, la prosperidad y la felicidad y los atraigo a todos.
156. Hoy saludo con emoción y confianza.
157. Atraigo el amor a todos lados.
158. Mis sueños son mucho más grandes que mis miedos.
159. Peso _____ kilos y estoy contento con ello.
160. Siempre estoy escalando más y más alto en cada área de mi vida.
161. Me siento saludable y fuerte.
162. Mi vida es una gran aventura.
163. Estoy rodeado de gente que quiere lo mejor para mí y me va a empujar a alcanzar mis metas y sueños.
164. Soy el creador de mi propia existencia y hoy elijo crear milagros en mi vida.
165. Mi mente está completamente libre de dudas sobre mí mismo, tengo una creencia inquebrantable en mí.
166. Mi alma está lista para manifestar y vivir la vida de mis sueños.

167. Estoy en paz con el mundo y el mundo está en paz conmigo.
168. Hoy encontraré éxito y un sentido.
169. Mis relaciones son armoniosas.
170. Atraigo a las circunstancias positivas y a las personas positivas a mi vida.
171. Confío en mi viaje.
172. Mi negocio es un éxito rotundo.
173. Soy el mejor.
174. Trabajo como y cuando quiero, donde quiera.
175. Mis sueños se hacen realidad hoy.
176. Soy un comunicador experto y transmito mis ideas con facilidad. Eso me ayuda a atraer a las personas deseadas en mi vida.
177. Las experiencias de mi vida son como las he imaginado.
178. Hoy será un día tranquilo.
179. Soy excepcionalmente bueno persiguiendo mis sueños.
180. Elijo vivir en el reino de las posibilidades.
181. Mi vida es rica y colorida.
182. Mis sueños se manifiestan de muchas maneras.
183. Mi éxito es conocido en muchos países.
184. He sido testigo de tantos milagros personales y estoy en un constante estado de asombro.
185. Estoy haciendo algo más que prosperar.
186. Hoy entro en una burbuja protectora de positividad.
187. Mi vida es buena.
188. Tengo un montón de buenos recuerdos.
189. Yo puedo. Lo haré. Fin de la historia.
190. Mis oraciones siempre son respondidas en apoyo a mis sueños.
191. Tengo la visión interna para ver el futuro que deseo.

CAPÍTULO DIECIOCHO

AFIRMACIONES POSITIVAS PARA REFLEXIONAR

1. Mi mente está clara y concentrada.
2. Puedo dejar ir mis pensamientos a voluntad.
3. Valoro el arte de escuchar.
4. Puedo escuchar la voz de lo divino, la belleza de la naturaleza y mi propio subconsciente en meditación silenciosa.
5. Una mente tranquila me trae paz y felicidad.
6. La meditación me ayuda a ver mi mundo y mis decisiones de manera más realista.
7. Mi mente está tranquila incluso en tiempos caóticos.
8. Yo controlo mi diálogo interno.
9. Pensamientos bondadosos y amorosos guían mi discurso y mis acciones.
10. Amar a los demás reduce el estrés en mi vida.
11. Estoy libre de estrés y preocupación.
12. Si me pongo tenso o irritado, uso mi respiración para restaurar mis pensamientos amorosos.
13. Miro al mundo que me rodea y no puedo evitar sonreír y sentir alegría.
14. Me aprecio a mí mismo mientras inhalo. Aprecio a los demás mientras exhalo.
15. Admiro las buenas cualidades de los demás.
16. Veo que la felicidad de los demás es tan importante como la mía.
17. Al permitirme ser feliz, inspiro a otros a ser felices también.

18. Me niego a escuchar la voz interior que me dice que tenga miedo.
19. Tengo el poder de detener el miedo antes de que se apodere de mí.
20. Puedo aprovechar un manantial de felicidad interior en cualquier momento que desee.
21. Mi cuerpo está relajado y tranquilo.
22. Tengo una mente tranquila.
23. Aprendo acerca de mí mismo y del mundo que me rodea escuchando atentamente.
24. Siento alegría y satisfacción en este momento.
25. Reconozco lo mucho que tengo en común con los demás.
26. ME contenta elogiar a otros.
27. El miedo es una ilusión en la mente y sé que puedo superarlo.
28. Escucho más de lo que hablo.
29. Amar a los demás fortalece mis relaciones.
30. Hice una lista de todos mis temores para poder estar atento a ellos y detenerlos en su camino.
31. Estoy en paz dentro de mí mismo.
32. Mi mente está naturalmente calmada y tranquila.
33. Obtengo información sobre mis pensamientos y comportamiento a través de la meditación.
34. Me siento en paz aunque las cosas resulten de manera diferente a lo que había planeado.
35. Si la gente está discutiendo algo delicado y yo estoy allí, elijo un lugar y un momento tranquilo.
36. Puedo dejar ir mis miedos.
37. Estoy agradecido por mi educación y mi atención médica.
38. Mi mente es fuerte y capaz de ver más allá de un momento de miedo.
39. Puede que no esté de acuerdo con algo de lo que oigo, pero sé que alguien puede necesitar una oportunidad para expresarse sin ser juzgado.

40. Si no tengo claro un mensaje, parafraseo las palabras de los demás y hago preguntas aclaratorias.
41. Soy desprendido de todo
42. Puedo desprenderme de todas las preocupaciones.
43. Escuchar es una forma de expresar mi preocupación y respeto por los demás.
44. Aprecio a la gente de la industria de servicios.
45. Aprecio a los trabajadores que construyen carreteras y suministran electricidad.
46. Limpio mi mente con la meditación y la oración.
47. Reconozco mis talentos y persigo mis sueños sin importar los temores que puedan surgir.
48. Me concentro en mi familia y amigos para generar pensamientos amorosos.
49. Hoy soy libre. Libre para ir tras mis sueños.
50. Hoy reúno información para tomar decisiones más sensatas.
51. Estoy comprometido con mi práctica de meditación.
52. Mi práctica de meditación es una parte importante de mi vida.
53. Independientemente de mi experiencia en cualquier tema, puedo prestarle mi atención a alguien.
54. Mi mente está abierta a la verdad sobre los límites autoimpuestos.
55. Acepto que a veces estoy incómodo o irritable, pero escojo acciones constructivas que me permiten recuperar la compostura rápidamente.
56. Evito crear límites para mi espíritu.
57. En lugar de permitir que mis miedos estén a cargo, controlo mi cuerpo y mi mente.
58. Me divierto con todos mis esfuerzos, incluso los más mundanos.
59. El miedo es una ilusión.
60. Dejo atrás los miedos y dejo que mi creatividad florezca.
61. Medito profundamente.
62. La meditación me viene de forma natural.

63. Escuchar me ayuda a conectar con amigos, familiares y compañeros de trabajo a un nivel más profundo.
64. Elijo reducir el estrés.
65. Puedo evitar el pánico porque sé que soy fuerte y poderoso.
66. Mi mente es un recipiente único que funciona sin miedo.
67. El miedo es uno de estos límites, pero yo soy más fuerte que la ilusión.
68. Estoy agradecido por la amabilidad de las personas.
69. Estoy libre de la ilusión que trata de asustarme.
70. Escucho mi intuición en los momentos difíciles y sigo sus consejos.
71. Mi mente está en paz.
72. Se siente bien liberar la tensión mental.
73. Uso mis oídos más que mi boca.
74. Descubro más oportunidades para construir relaciones.
75. Mantener la calma aumenta mi fuerza y confianza.
76. Tengo la libertad de crear la vida que deseo.
77. Revelo mis vulnerabilidades.
78. Los pensamientos amorosos llenan mi mente.
79. Mi intuición me guía a las respuestas a mis problemas.
80. Veo a los demás con compasión y afecto.
81. Mis pensamientos están en silencio.
82. La meditación mejora mi salud y bienestar.
83. Mi capacidad de escuchar atentamente se fortalece con la práctica.
84. Para calmar mi mente, voy más despacio.
85. Mi fe en mis habilidades me estabiliza.
86. La meditación proporciona instrucciones tranquilas y claras para la acción.
87. Mantengo la calma.
88. Elijo palabras que son alentadoras y alegres.
89. Manejo mis emociones.
90. Encuentro alegría y placer en las cosas más simples de la vida.

91. Estoy centrado en el momento presente.
92. La serenidad mental es mía.
93. Escucho a otros en lugar de ensayar lo que quiero decir a continuación.
94. La meditación es un asistente poderoso en mi viaje hacia la felicidad.
95. Las meditaciones diarias mejoran mi salud física y mental.
96. Acepto la retroalimentación amablemente.
97. Tengo una rutina relajante. Doy un largo paseo o tomo un baño caliente. Apago mi teléfono y saboreo el silencio.
98. Recuerdo las cosas buenas que la gente aporta a mi vida.
99. El tiempo de inactividad me hace más efectivo.
100. Conozco la diferencia entre la voz de mi intuición y la voz general de mi mente.
101. Dejo ir todas las preocupaciones.
102. Tengo un don natural para la meditación.
103. Tomo nota de los dos lados de un asunto y lo medito antes de tomar decisiones.
104. Me concentro en mi intuición para guiarme.
105. Me enseño a ser valiente demostrando que puedo hacer frente a lo que se me presente.
106. Doy un paso atrás de la prisa diaria y recojo mis pensamientos.
107. Me alejo brevemente de una situación difícil para evaluarla.
108. Soy capaz de escuchar mi intuición en tiempos difíciles.
109. Hoy me alegro de sentirme en paz.
110. Durante la meditación, mi intuición tiene la oportunidad de encontrar respuestas.
111. Mi mente se está volviendo tranquila y relajada.
112. Evito interrumpir durante las conversaciones.
113. Me reconecto con la naturaleza y con mis amigos para ayudarme a examinar situaciones difíciles.
114. Presto atención a mis instintos y escucho hablar a mi intuición.

115. Me enfrento a los retos de frente y busco soluciones con calma.
116. Hoy tengo la intención de centrarme en el poder de mi intuición para resolver una situación difícil.
117. Mis victorias y reveses se vuelven más significativos porque las repaso con mi familia y amigos.
118. Soy sensible a las necesidades de los demás.
119. Evito permitir que el miedo paralice mi intuición o esté a cargo porque mantengo el control de situaciones difíciles.
120. Reconozco todos mis sentimientos y luego me concentro en los susurros sabios de mi guía interior.
121. Libero la tensión de mi cuerpo.
122. Hoy escucho profunda y eficazmente.
123. Mi intuición me da lecciones valiosas sobre el pasado, el presente y el futuro.
124. Hoy ofrezco mis buenos deseos y mi ayuda práctica a quienes me rodean.
125. Conozco los pasos que necesito dar para encontrar el éxito y la felicidad.
126. Mi intuición me apoya en este viaje.
127. Si mi desempeño es criticado, utilizo su retroalimentación para sobresalir la próxima vez.
128. Me doy cuenta de las necesidades de los demás y me identifico con ellos en sus luchas.
129. Hago que la gente se sienta cómoda mientras comparten sus desafíos.
130. Me rodeo de energía positiva.
131. Enfocaré mi mente en el momento presente.
132. Muestro mi respeto y aprecio por los demás, y obtengo mayor conocimiento y sabiduría para mí mismo.
133. Me encanta cuando la energía es positiva a mi alrededor.
134. La meditación me hace sentir capaz de lograr todo lo que me propongo.

135. Soy un observador oyente. Presto atención al tono y la voz de los participantes durante la conversación.
136. Las conversaciones con mis amigos abarcan pensamientos y planes para un futuro satisfactorio.
137. Me propongo entender las necesidades de mi familia, compañeros de trabajo, amigos y extraños.
138. Me concentro en mi respiración y permito que la respiración profunda me calme.
139. Amplío mi propio grupo de apoyo al igual que apoyo a otros.
140. Hoy me concentro en las necesidades de los demás y a cambio, ellos hacen lo mismo por mí.
141. Mi práctica de meditación está mejorando.
142. También escucho incluso cuando estoy solo.
143. Escucho las historias de mis amigos y comunico mi preocupación.
144. Mi red de amigos se convierte en un círculo de amor.
145. Ayudo a las personas. Presto un oído atento, ofrezco un hombro sobre el que llorar y hago todo lo que puedo para animarlos.
146. Relajo mi cuerpo y dejo de lado las distracciones.
147. Me doy cuenta de los pequeños detalles mientras mis amigos hablan. Esto me ayuda a dar consejos sabios para sus situaciones.
148. Soy generoso. Comparto mi tiempo y recursos libremente cuando necesitan ayuda.
149. Trato a la gente con amabilidad y les ayudo a trabajar en soluciones para un futuro mejor.
150. Voy en busca de personas, cosas y lugares que exudan esa positividad y aliento.
151. Meditaré todos los días.
152. Mis seres queridos saben que siempre pueden contar conmigo.
153. Hoy me comprometo a desempeñar mi papel para llevar energía positiva a todas las situaciones.

154. Soy sensible a los estados emocionales de mis seres queridos.
155. Me siento en paz cuando me concentro en los demás.
156. Entiendo cómo consolar y apoyar a las personas.
157. La energía positiva me motiva a lograr objetivos personales importantes.
158. Estoy llena de amor y compasión, así que mis amigos saben que pueden recurrir a mí.
159. Mi compromiso con una vida brillante y alegre se encuentra en todas mis interacciones. Soy un ser positivo.
160. La meditación construye mi confianza y voluntad de abrazar el punto de vista de otras personas.
161. Mi mente se está volviendo muy concentrada y está perfectamente tranquila.
162. Sé que soy incapaz de eliminar completamente la negatividad, pero evito alentarla.
163. Siempre que puedo pacificar una situación, tomo medidas para calmar las cosas.
164. A veces mi lugar de trabajo puede ser polémico. Me recuerdo a mí mismo mantenerme alejado del conflicto.
165. Mis amistades se basan en una comunicación sana y de apoyo.
166. Es mucho más fácil concentrarme en mis responsabilidades cuando evito la energía negativa.
167. Me abstengo de juzgar o criticar y escuchar a la gente con el corazón abierto.
168. El vínculo que comparto con mis amigos me ayuda a pensar con optimismo.
169. Sé que el trabajo en equipo produce mejores resultados cuando todo el mundo está en el mismo sentido, así que lo aliento.
170. La influencia positiva de las personas genera ideas.
171. Me resulta más fácil desprenderme de mis pensamientos.

172. La meditación me ayuda a aprovechar al máximo mis oportunidades.
173. Abro mi corazón antes de abrir la boca.
174. Mi sinceridad brilla en mis palabras.
175. Expreso mis verdaderos sentimientos.
176. Hoy practico la sinceridad. Me expreso con amor.
177. Reconozco las acciones positivas y los rasgos de personalidad de los demás.
178. Cumplo con lo que prometo.
179. Mis palabras y acciones muestran a mis amigos y familiares que estoy ahí para ellos. Escucho pacientemente y valido sus experiencias.
180. Equilibrio la crítica con los cumplidos y les pido a mis compañeros de trabajo que me den sus sugerencias.
181. Liberaré todo el estrés y la tensión cuando medite.
182. Cumplo con mis compromisos.
183. Me gano la confianza de los demás.
184. Proporciono consuelo.
185. Creo un ambiente de calma antes de emitir críticas que podrían ser difíciles de escuchar.
186. Comparto la retroalimentación constructiva.
187. Les hago saber a mis familiares y amigos lo mucho que significan para mí.
188. Me concentro en la colaboración y en ayudar a otros a mejorar su desempeño.
189. Me despierto por la mañana sintiéndome feliz y entusiasmado con la vida.
190. Alineo mi mente y mis pensamientos con las intenciones de mi ser más profundo.
191. La meditación es cada vez más fácil cada vez que la practico.

CAPÍTULO DIECINUEVE

AFIRMACIONES POSITIVAS PARA CUMPLEAÑOS

1. Hoy es el primer día del resto de mi vida.
2. Hoy soy digno y merecedor de cosas buenas.
3. El amor está en todas partes y yo soy amoroso y adorable.
4. Soy un ser radiante de amor.
5. Hoy y todos los días, hago al menos una cosa que me estire.
6. La lucha es mi campo de entrenamiento preparándome para cosas más grandes y mejores.
7. Hoy estoy atrayendo a personas, lugares y cosas que son perfectas para mi crecimiento.
8. Cada día alcanzo niveles más profundos de auto-realización.
9. Hoy lo que me sirve se queda y lo que me falla se va.
10. Ahora veo que los obstáculos son simplemente atajos hacia algo mejor de lo que había planeado.
11. Soy alegre, feliz y libre.
12. Hoy vivo con un propósito y mi propósito ilumina mi camino.
13. Entro en esta nueva vida con facilidad.
14. Confío en que el proceso de la vida me traiga mi mayor bien.
15. Los obstáculos en mi camino están ahí para construir mi fuerza y comprensión.
16. Soy un trabajo en progreso, pero ¡qué trabajo soy!
17. Me niego a conformarme con lo que soy cuando sé que tengo algo mejor dentro de mí.
18. Hoy estoy dando un paso más allá de lo que he hecho antes. En un abrir y cerrar de ojos estaré muy lejos.
19. Mi propósito es aprender a amar incondicionalmente.

20. Hoy me amo y me acepto exactamente como soy.
21. Hoy lo que importa es quién soy, no quién he sido.
22. Mi camino hacia adelante está pavimentado con la fuerza de un corazón abierto y el poder de una mente abierta.
23. Experimento el amor dondequiera que voy en este nuevo año.
24. Hoy soy la bellota comprometida valientemente en el proceso de convertirse en un roble.
25. Soy más fuerte, más sabio y más seguro con cada nuevo día.
26. Soy el capitán de mi barco. Yo elijo cómo se desarrollan mis días y mi vida.
27. Estoy muy bien organizado.
28. Doy lo mejor de mí en todo lo que hago.
29. Estoy creando una nueva vida maravillosa.
30. Me permito recibir.
31. Mis límites de ayer son mi punto de partida de hoy.
32. Creo en mis talentos y habilidades para mejorar las cosas dondequiera que vaya.
33. Hoy los viejos paradigmas están cayendo a medida que encuentro nuevas y mejores formas de vivir.
34. Estoy lleno de amor y afecto.
35. Mi conciencia siempre se expande para aceptar las oportunidades y los desafíos de mi vida.
36. Cada reto me ha llevado a ser una persona mejor y más fuerte de lo que soy hoy.
37. Hoy libero versiones inferiores de mí mismo y crezco en mi grandeza.
38. Estoy en el proceso de cambios positivos.
39. Soy el mejor que he sido nunca.
40. Me entrego completamente a mi propósito y mi propósito me da completamente el éxito y la felicidad.
41. Hoy estoy construyendo puentes entre el mundo que es y el mundo que yo elijo.
42. Enfrento este desafío con fuerza y sé que lo superaré.
43. En esta nueva vida todo fluye fácilmente y sin esfuerzo.

44. Estoy siguiendo mi felicidad para inspirar a otros.
45. Esta temporada persigo mis objetivos con diligencia y determinación.
46. He decidido que disfrutaré cada momento de mi vida.
47. Tengo la intención de vivir este día al máximo y practicar la gratitud.
48. Tengo una nueva y maravillosa relación conmigo mismo.
49. Prospero en cada oportunidad de llegar a ser más de lo que nunca antes he sido.
50. Ahora comienzo un proyecto que cambiará mi vida para siempre - soy indetenible.
51. Busco la paz en todas mis relaciones.
52. Ahora me mudo a un lugar mejor.
53. Espero con ansias el futuro brillante que Dios ha planeado para mí.
54. Estoy totalmente sano y agradecido.
55. Tengo el espacio perfecto para vivir.
56. Hoy soy consciente de mis deseos y tengo la intención de perseguirlos.
57. Declaro que soy valiente.
58. Hoy cambio mi necesidad de estar siempre bien por mi necesidad de estar siempre creciendo.
59. Estoy en una relación alegre con una pareja que me ama profundamente.
60. Apostar a lo seguro me mantiene a salvo de cada sueño que tengo. Hoy me arriesgo por mi recompensa.
61. Estoy en paz con los demás y conmigo mismo.
62. Acudo primero a Dios y Él dirige mis pasos.
63. Me libero de la ira, el odio y la amargura - Soy libre
64. Aprecio todo lo que hago.
65. Tengo un cuerpo feliz que me agrada.
66. Elijo la paz en esta situación - soy responsable de mis emociones.

67. Acepto el miedo y la duda sin dejar que nada me detenga de lo que quiero.
68. Hoy estoy sembrando las semillas del crecimiento en mi vida. Estoy absolutamente comprometido a regarlas todos los días.
69. Hoy presto atención a mis anhelos interiores y tomo acciones por ellos.
70. Mi vida está llena de una experiencia positiva tras otra. Hago uso de todas las experiencias de mi crecimiento.
71. Me perdono de los errores del pasado.
72. Cada vez que respiro me siento profundamente en paz.
73. Que venga la lluvia. Estoy ansioso por crecer. Que venga el sol. Estoy listo para florecer.
74. Estoy creando mi destino con mi sabiduría interior y el universo.
75. Incluso cuando me esfuerzo por ser quien puedo ser, ¡estoy feliz con lo que soy ahora!
76. Estoy enamorado de mí mismo. Me encanta mi cabello, mi nariz y mi cuerpo.
77. Este cambio llega justo a tiempo y es exactamente lo que necesitaba.
78. Utilizo mis talentos y habilidades para cumplir mi propósito en la vida.
79. Cada día aprendo nuevas lecciones, amplío mi conciencia y desarrollo mis habilidades.
80. Me amo y me acepto a mí mismo.
81. Hoy, mi acción de gracias se extiende mucho más allá de mis pensamientos; traigo un espíritu agradecido a cada paso y acción que doy.
82. Confío en mí mismo para ser mejor.
83. Puede que no viva para siempre, pero hoy me esfuerzo por mejorar.
84. Soy eternamente joven. En mente y cuerpo.
85. Estoy agradecido ahora, y eso es mantener la puerta abierta para más bendiciones.

86. El universo apoya mi éxito.
87. La riqueza ahora es parte de mí. Soy próspero.
88. Hoy soy la persona que vine al planeta para ser.
89. Estoy en el camino de alcanzar mis metas.
90. Está la vida que vivo y la vida que quiero. Hoy estoy tomando medidas para alinearlas.
91. Irradio aceptación.
92. Me defiendo diciendo cómo me siento realmente con amabilidad.
93. Yo soy yo mismo.
94. La cumbre de todo éxito es el taburete para mi próximo éxito.
95. Prospero en cada oportunidad de llegar a ser más de lo que nunca antes he sido.
96. Mi cuerpo es hermoso.
97. Ahora salgo de mi zona de comodidad para convertirme en la persona que creo que puedo ser.
98. Hoy soy fuerte y entiendo.
99. Me siento seguro conmigo mismo. Estoy a salvo.
100. Hoy aprovecho al máximo lo que soy y lo que tengo que hacer para ser lo que puedo ser.
101. Hoy estoy trabajando conscientemente hacia una mayor apertura de mi corazón y de mi mente.
102. Hoy estoy entrando en planos nuevos y emocionantes en mi vida.
103. Soy fuerte, valiente y digno de todas las cosas buenas.
104. Estoy agradecido por mi vida, por las personas que hay en ella y por todo lo que me es posible.
105. Estoy lleno de paz, amor y felicidad.
106. Cada debilidad que creo que tengo es un ángel que susurra: "Crece, crece".
107. Todo lo que sucede en mi vida me prepara perfectamente para cumplir mi propósito.
108. Estoy listo para hacer un cambio positivo.

109. Hoy abro mi corazón a los demás viendo lo bueno que hay en ellos.
110. Esta semana estoy abriendo nuevos caminos en mi vida y me siento muy bien.
111. El pasado es una bendición porque es mi maestro. El futuro es una bendición porque es mi oportunidad.
112. Tomo acciones diarias en las cosas que me importan.
113. Estoy creando mi vida ideal cada día con cada pensamiento.
114. Hoy estoy rebosante de alegría, amor y gratitud.
115. Celebro todo lo que es justo en el mundo.
116. Hoy me estoy liberando de las sombras de mi pasado. Un día nuevo y brillante amanece para mí.
117. Me esperan oportunidades nuevas y emocionantes. Estoy creando mi destino.
118. Inhalo buenos pensamientos y exhalo malos pensamientos.
119. Libero viejos hábitos que limitan mi potencial.
120. Estoy agradecido por todo el bien que me rodea. Atraigo la bondad.
121. Estoy dejando ir lo que no puedo cambiar.
122. Hoy estoy agradecido.
123. Estoy agradecido por las guías útiles que a veces aparecen disfrazadas para llevarme de vuelta al amor.
124. Dejo ir el miedo del pasado y abrazo el amor y la alegría del presente.
125. Me perdono a mí mismo y libero mi pasado.
126. Hoy libero hábitos antiguos y abro nuevos caminos.
127. En mi vida estoy dispuesto a ver belleza donde otros no ven nada; puedo mirar más allá de una roca y descubrir el diamante.
128. Estoy listo para una relación sana, amorosa y duradera.
129. Hoy estoy alineado con las energías que sanan mi pasado y hacen crecer mi futuro.
130. Comenzaré de nuevo perdonando a esta persona.
131. Merezco amor, confianza y paz en mi vida.

132. Perdono para tener una mejor vida.
133. Lucho, pero crezco. Me caigo, pero me levanto. Incluso en medio de la adversidad, triunfaré y prosperaré.
134. Doy y recibo amor abierta y gratuitamente.
135. Acepto todas las formas en que el universo quiere bendecirme.
136. En este día, ilumino la apreciación en una situación de otra manera oscura; no hay oscuridad que pueda escapar de esa luz por mucho tiempo.
137. Soy lo suficientemente valiente como para pedirle la vida que deseo al universo.
138. Irradio confianza en todo lo que hago.
139. De ahora en adelante, elijo ser amable con todos los que me encuentro - soy amable.
140. Estoy creando la mejor vida posible para mí y para mis seres queridos.
141. Hoy puedo ser lo que quiera ser.
142. Inspiro a la gente con mis palabras y acciones amables.
143. Soy el dueño de mi destino.
144. Irradio bondad y amor en mi corazón.
145. Al liberar lo que es, abro la puerta a algo mejor.
146. Hoy y todos los días estoy en un viaje heroico desde donde estoy hasta donde estoy destinado a estar.
147. Yo creo mi propia vida todos los días y trabajo duro para crear una vida llena de crecimiento y expansión.
148. La abundancia viene a mí porque estoy agradecido.
149. Hoy es un nuevo capítulo y un nuevo comienzo.
150. Cada día es una nueva oportunidad para ser increíble.
151. Soy un imán para el bien y estoy agradecido por ese bien.
152. Crearé la vida que deseo.
153. Estoy eternamente agradecido por el amor que soy capaz de dar y por el amor que aún tengo que recibir.
154. Elijo estar agradecido por la luz de esta nueva mañana y por la energía y fuerza renovadas para ser quien sé que puedo ser.

155. Este nuevo año acepto mis cargas y acepto mis bendiciones, y así transformo mis cargas en bendiciones.
156. Hoy estoy asociado con la paz, y lo hago a través del poder de mantener un corazón agradecido.
157. Estoy dispuesto a confiar en que mi vida es exactamente como debe ser.
158. Elijo ver esta temporada de mi vida a través de los ojos del aprecio de la mejor forma que puedo.
159. Pase lo que pase estoy seguro de que puedo volver a estar agradecido.
160. Este año, mi acción de gracias va a ser perpetua; sobrevive a todos los obstáculos porque estoy dispuesto a mantenerla viva.
161. Estoy aprendiendo a estar agradecido por lo que tengo mientras estoy emocionado por lo que me espera.
162. Dejo ir los enfrentamientos negativos. Elijo ver la paz.
163. Siento una profunda gratitud por todo lo que soy y todo lo que tengo.
164. Hoy mi gratitud es un imán absoluto para la manifestación de todo lo que quiero
165. Estoy dispuesto a confiar en que mi vida es exactamente como debe ser.
166. Independientemente de lo que sea que vea, confío en que el universo está apoyando mi ser más elevado.
167. Sé que la gratitud es una elección diaria y hoy elijo estar agradecido.
168. Puedo relajarme un poco y estar agradecido por lo que tengo ahora.
169. La gratitud abre la puerta para que mi esencia fluya a través de mi vida y espíritu.
170. El día de hoy marca el comienzo de una nueva administración en mi vida.
171. Acepto plenamente la alegría que quiere surgir en mi vida, y la acepto ahora con gratitud.

172. Me siento agradecido esta mañana.
173. Estoy atrayendo el bien a mi vida.
174. Estoy agradecido por toda la bondad que Dios me ha dado.
175. A partir de hoy, mi actitud diaria es de gratitud.
176. Doy gracias diariamente por las bendiciones que fluyen en mi vida.
177. Estoy agradecido por las rocas y los diamantes porque la vida es una experiencia rica que lo incluye todo.
178. Estoy agradecido por mi vida y la conciencia creciente dentro de ella.
179. Me doy cuenta de que soy bendecido de muchas maneras y estoy profundamente agradecido.
180. Siento que tengo un corazón agradecido.
181. El sentimiento de gratitud amplía mi perspectiva y me abre a nuevas formas de vivir felizmente en este mundo; es como si todo el universo estuviera en mi corazón.
182. Estoy agradecido.
183. Cuanto más agradecido estoy, más bendecido estoy.
184. Mi alma se regocija continuamente y se une a mi experiencia mientras me comprometo con gratitud.
185. Veo abundancia a mi alrededor. Estoy agradecido.
186. Veo los beneficios de la gratitud. Ahora me sumerjo en la gratitud y la cultivo como un hábito.
187. Estoy agradecido por mi salud.
188. Estoy brillando más y hacia la perfección.
189. Este año estoy haciendo grandes hazañas.
190. Me levanto triunfante con gracia.
191. Por mi gratitud, estoy cerca de la fuente de abundancia.

CAPÍTULO VEINTE

AFIRMACIONES POSITIVAS PARA VIAJEROS

1. Disfruto de paz y tranquilidad en las vacaciones de mis sueños.
2. Voy a hacer un viaje al destino vacacional más asombroso del mundo.
3. Me maravillo de las muchas maravillas del mundo constantemente.
4. Cosas increíbles se dirigen hacia mí.
5. Me merezco la felicidad que este nuevo comienzo me ofrece.
6. Estoy agradecido por la oportunidad de viajar por el mundo.
7. Crearé sol para la alegría de los demás.
8. Siempre esparzo alegría y amor dondequiera que voy.
9. Tengo la suerte de tener la oportunidad de un nuevo comienzo lleno de amor y risas.
10. Lo mejor está por venir.
11. Atraigo las vacaciones de mis sueños.
12. No hay límite a lo que puedo hacer o al amor que puedo recibir.
13. Mis maletas están hechas y estoy listo para partir.
14. Vivo y respiro emoción y busco nuevas experiencias.
15. Libero pensamientos dañinos de mi pasado y miro hacia el futuro con emoción.
16. Estoy a cargo de la trayectoria de mi espíritu aventurero.
17. Visito tierras por todas partes mientras descubro el mundo.
18. Aprendo a abrazar la felicidad en los lugares más grandes y más pequeños por medio de los viajes.

19. Estoy contento con el yo que soy en este momento.
20. Me enfrento a los retos de hoy con un espíritu positivo y alegre.
21. El viaje perfecto está a mi alcance.
22. El dinero para viajar fluye en mi vida sin esfuerzo.
23. Me sumerjo en esta situación esperando amor y apertura.
24. Soy más feliz de lo que he sido nunca.
25. Estoy abierto a recibir una abundancia de amor y aventura salvaje.
26. Tomarme un tiempo para descansar y relajarme en un hermoso resort es donde estoy destinado a estar.
27. Cuanto más amor doy a mis esfuerzos, más recibo.
28. Navego por los océanos más profundos y vuelo sobre las montañas más altas para alcanzar el destino de mis sueños.
29. Estoy muy agradecido por la oportunidad de conocer un nuevo hogar.
30. Invito nuevas oportunidades a mi vida.
31. Visualizo mis vacaciones de ensueño todos los días.
32. Estoy preparado para prosperar más allá de mis sueños más salvajes.
33. Disfruto de la compañía de mis seres queridos mientras disfruto de las vacaciones de mis sueños.
34. Aprecio mi vida abundante.
35. Soy un imán para nuevos viajes y aventuras.
36. Mi deseo de nuevas experiencias inspira a otros a liberarse.
37. Mi escapada me está llamando y está cada día más cerca.
38. Estoy abierto y dispuesto a nuevas aventuras.
39. Devuelvo al mundo como el amor fluye en mí.
40. Cada día ofrece nuevas oportunidades para que sucedan grandes cosas.
41. Unas vacaciones fabulosas están siendo atraídas hacia mí.
42. Me siento agradecido de poder manifestar las vacaciones de mis sueños.
43. Los viajes me enseñan a ver el lado bueno.

44. Hoy estoy agradecido por todas las cosas buenas de mi vida y por las que aún están por venir.
45. Viajar hace que todo parezca bueno.
46. Hoy elijo dejar ir todas las influencias negativas del pasado.
47. Tengo opciones ilimitadas.
48. Soy la energía que deseo atraer.
49. Los viajes llenan mis días de risas.
50. Encuentro placer en los lugares más secretos y escondidos.
51. Las vacaciones de mis sueños están en camino.
52. Estoy agradecido por este viaje. Soy suficiente, y tengo suficiente.
53. Me despierto en un nuevo lugar alegre e inspirado para hacer de este día un gran día.
54. El universo me proporciona recursos ilimitados para poder viajar a donde quiera y cuando quiera en las vacaciones de mis sueños.
55. Estoy agradecido por cada una de mis aventuras y oportunidades de crecer.
56. Soy libre de diseñar la vida de mis sueños, y mi imaginación no conoce límites.
57. Vivo la vida al máximo.
58. El pasado no tiene poder sobre mí.
59. Le doy la bienvenida a la aventura en mi vida.
60. Saludo a toda la vida con amor en mi corazón.
61. Me entrego a paquetes de relajación de lujo mientras estoy en las vacaciones de mis sueños.
62. Viajar cultiva la alegría en mí todos los días.
63. Tengo todo lo que necesito y más.
64. Estoy abierto a aventuras nuevas y emocionantes.
65. Viajar me hace optimista.
66. Yo creo la vida que merezco.
67. Pido, creo, recibo.
68. Estoy rodeado de belleza.

69. Cada día, en todos los sentidos, viajar me hace más y más feliz.
70. Viajar me hace irradiar energía positiva.
71. Me estoy despertando en otro día relajante en el paraíso.
72. Soy digno de todo lo bueno que se me presenta y lo aceptaré con gratitud.
73. Estoy agradecido y abierto a las abundancias del universo.
74. Atraigo el éxito y la aventura salvaje.
75. El destino de mis vacaciones de ensueño se acerca cada día más a mí.
76. Mi corazón busca un viaje.
77. Viajar me ayuda a inhalar con positividad y paz y a exhalar pensamientos negativos.
78. El universo me dará aventura y amor.
79. Otros se sienten atraídos a mi espíritu aventurero.
80. Mi mundo está lleno de alegría y amor.
81. Mi firma energética es una coincidencia exacta con unas vacaciones maravillosas.
82. Permito que la abundancia del universo fluya a través de mí.
83. Soy digno de aventura y amor en todas sus formas.
84. Me visualizo desempacando mis maletas en el lugar más hermoso del mundo.
85. Simplemente decido estar emocionado por este día.
86. Celebro esta vida.
87. Me comprometo a tomarme unas vacaciones bien merecidas a menudo.
88. Siempre tengo lo que necesito cuando lo necesito en mi corazón aventurero.
89. Todos mis sueños se están haciendo realidad.
90. Estoy expandiendo mi conciencia cultural mientras descubro el mundo.
91. Invierto en mí mismo con todo el corazón.
92. El estrés de la vida se desvanece cuando me voy de vacaciones al paraíso.

93. Acepto los regalos del universo con gratitud.
94. Voy a volar a tierras lejanas llenas de emoción.
95. Mi gratitud no conoce límites.
96. Nací para cumplir mis viajes de ensueño.
97. Un merecido descanso me hace sentir descansado y renovado.
98. Al universo le encanta mostrarme sus hermosos paisajes mientras viajo alrededor del mundo.
99. Se me permite prosperar y aceptar la abundancia en mi mundo.
100. A medida que permito más abundancia y amor en mi vida, más puertas se abrirán para mí.
101. Voy a viajar por todo el mundo.
102. La riqueza del mundo fluye libremente en mi vida.
103. Estoy creando una vida de aventura y felicidad.
104. No voy a estar limitado.
105. Mi felicidad me llena y permito que mis miedos se desvanezcan.
106. Algo increíble me va a pasar en este viaje.
107. Me imagino comiendo en los mejores restaurantes durante las vacaciones de mis sueños.
108. Atraigo eventos y oportunidades positivas a mi vida.
109. Estoy labrando el estilo de vida salvaje y verdadero que deseo.
110. Un río de perfecta riqueza siempre corre hacia mí, bañándome.
111. Estoy agradecida por este viaje y la belleza exquisita que aporta a mi vida.
112. Sé que todo saldrá bien.
113. El tiempo de descanso que merezco se me concede en forma de una escapada hermosa.
114. La aventura me hace fuerte y tranquilo.
115. Soy el arquitecto de mi fortuna de viaje.
116. Los viajes me enseñan a tener valor y a aceptar mi vulnerabilidad.

117. Me gusta hacer turismo mientras hago viajes increíbles a tierras exóticas.
118. Mis viajes son siempre seguros, relajantes y divertidos.
119. Estoy tan lleno de paz y gratitud por este viaje.
120. Tengo un espíritu aventurero que experimenta las maravillas de la Tierra diariamente.
121. Disfruto mucho gastar dinero mientras estoy de vacaciones en el destino de mis sueños.
122. Estoy tan lleno de paz y gratitud por este viaje.
123. Me siento satisfecho porque estoy seguro de que todos mis deseos de viaje están siendo satisfechos.
124. Soy muy afortunado de estar en condiciones de viajar.
125. Me merezco un largo descanso del trabajo.
126. Soy un viajero.
127. Mi espíritu es aventura pura.
128. El camino que tomo hoy me lleva a un lugar de plenitud y grandeza.

CAPÍTULO VEINTIUNO

AFIRMACIONES POSITIVAS SOBRE LAS EMOCIONES

1. Hoy profundizo en mi alma para descubrir la fuente de cualquier resentimiento que se acumula en mi corazón.
2. Soy capaz de impedir que el resentimiento se alimente de mis pensamientos y sentimientos. Lo libero de nuevo en el universo y lo reemplazo con pensamientos positivos.
3. Entiendo cómo discutir mis sentimientos.
4. Puedo expresar mis emociones con confianza.
5. La meditación me muestra cómo estar contento y relajado.
6. Desconecto las distracciones emocionales y me concentro en crear equilibrio.
7. Mi concentración en mis verdaderos sentimientos se hace más fuerte. Presto atención a cómo funciona mi mente. Escucho mi voz interior.
8. Elijo estar en control de mis acciones en lugar de operar emocionalmente en modo automático.
9. Recuerdo que tengo el control y que puedo elegir.
10. Me concentro en mis valores fundamentales y en el propósito espiritual de mantenerme enraizado.
11. Me conecto con mis verdaderas emociones.
12. Dejo a un lado cualquier forma de juicio y me considero a mí mismo con compasión.
13. Cada día tomo la decisión de amarme y aceptarme tal como soy.
14. Reconozco el poder que tengo sobre mi vida y decido cómo responder a cualquier circunstancia que se me presente.

15. Dedico mi tiempo y mis emociones a actividades que son significativas para mí.
16. Soy plenamente consciente de mí mismo y de mi valor. Sé que soy digno de amor y éxito.
17. Me doy cuenta de que al observar mis pensamientos y sentimientos acerca de ciertas cosas, me preparo para vivir la vida que realmente quiero.
18. Cultivo una sensación de calma y serenidad interior que puedo llevar conmigo a través de atascos en el tráfico o reuniones de negocios tensas sin quebrarme emocionalmente.
19. Me doy el regalo de liberarme del resentimiento. Libero el enojo, perdono a los demás y hago espacio para el amor.
20. Acepto mis sentimientos y comienzo el proceso de curación.
21. Vivo mi vida consciente y deliberadamente.
22. Me defino de una manera que va más allá de mi edad, sexo, profesión o incluso experiencias pasadas.
23. Cuando las cosas empiezan a ponerse frenéticas, voy más despacio y respiro profundamente.
24. Estoy dispuesto a trabajar para superar los obstáculos.
25. Entiendo el poder del resentimiento y su capacidad para dañar mi mente y mi cuerpo, por lo tanto, trabajo activamente en dejar ir.
26. Reservo tiempo para la meditación y la oración para alimentarme emocionalmente.
27. Hoy me enfrento a los desafíos sin abrumarme con demasiadas responsabilidades.
28. Doy un paseo al aire libre para disfrutar de la naturaleza, relajarme y conectarme con mi centro.
29. Mis relaciones permanecen seguras mientras expreso mis pensamientos y sentimientos.
30. Mi centro es una fuente de fuerza que me da la determinación de perseverar.
31. Para dejar ir el dolor pasado, enfoco mi conciencia en el momento presente.

32. Busco mi centro en el caos. Me concentro en mi mente para conectarme con mi centro.
33. Encuentro la fuente de mi resentimiento para poder dejarlo ir.
34. Al permanecer centrado, puedo aceptar los cambios naturales en la vida.
35. Vivo en el presente.
36. Mi centro es fuerte y este es el lugar donde me siento en equilibrio emocionalmente.
37. Atraigo personas y situaciones tranquilizadoras a mi vida.
38. Tengo confianza cuando estoy cerca de otros.
39. Aclaro mis pensamientos a medida que tamizo mis emociones. Mi mente se ralentiza.
40. Confío en mi sabiduría interior.
41. Controlo mis arrebatos emocionales y al mismo tiempo, experimento la estabilidad que viene con estar en contacto con mi ser auténtico.
42. Libero la ansiedad porque sé que sólo está de paso.
43. Hoy dejo ir cualquier resentimiento en mi corazón con gusto y avanzo hacia una vida feliz sin esta emoción negativa.
44. Reemplazo los sentimientos de preocupación con esperanza.
45. Me identifico con mis sentimientos de ansiedad tanto como con la paz.
46. Miro más profundo que la superficie. Veo más allá de etiquetas y roles superficiales.
47. Soy capaz de adaptarme a nuevas situaciones.
48. Confío en mi futuro.
49. Mi confianza, sabiduría interior y autoestima aumentan día a día.
50. Me niego a permitir que el dolor del resentimiento se pudra dentro de mí.
51. Soy más que mi genética.
52. Reacciono a mi ansiedad con calma y eficacia.
53. Inhalo confianza y exhalo dudas en mí mismo.
54. Aprendo de mi ansiedad.

55. Aprendo estrategias que puedo usar para liberar emociones negativas de una manera saludable y las practico diariamente.
56. Sé que mi intuición es mi mejor guía.
57. Sé que ser directo es el enfoque más efectivo, así que sumerjo en ello.
58. Vibro a una emoción más alta que la ansiedad.
59. Interpreto mis emociones y tengo la última palabra sobre cómo reacciono.
60. Libero hábitos de preocupación.
61. Reduzco el riesgo de malentendidos y retrasos al mantener una comunicación clara.
62. Acepto el estrés, este me aleja de lo que me drena.
63. Mis creencias y valores crean una base sólida para mi vida. Estoy centrado y tengo los pies en la tierra.
64. Soy valiente y me enfrento a mis miedos.
65. Para mantener una comunicación equilibrada, me pregunto qué serviría al bien común y no sólo a mis propios intereses.
66. Pido lo que quiero.
67. Me enfrento a situaciones difíciles con valentía.
68. Soy más que mi historial familiar de enfermedad mental.
69. Soy proactivo. Para ayudarme a liberarme del resentimiento, estudio métodos de comunicación positivos.
70. La meditación me da la oportunidad de descubrir mi verdadero yo.
71. Para ponerme en un estado de ánimo sincero, examino mis motivos.
72. Me permito ser vulnerable y esto profundiza mis relaciones.
73. Compruebo que mis pensamientos estén libres de resentimientos y ansiedad.
74. La meditación me ayuda a liberar mis verdaderas emociones, así como mi verdadero potencial.
75. Mis dudas tóxicas se desvanecen.
76. Tengo la habilidad de crear cambios en mi vida.
77. Dejé atrás el pasado porque ya no me sirve.

78. Está bien donde estoy mental y emocionalmente.
79. A medida que libero el estrés y la ansiedad, mi mente crece tranquila y en paz.
80. Sólo hablo de cosas positivas.
81. Elijo responder a las emociones que me construyen.
82. Dejo de compararme con los demás y me dedico a aprovechar mis propias fortalezas únicas.
83. No me compadezco de mí mismo.
84. También puedo dejar ir la amargura porque entiendo que mi pasado sólo puede afectar mi presente o futuro si lo dejo.
85. Me gusta el viaje emocional en el que estoy. Me encanta en lo que me estoy convirtiendo.
86. Me apruebo a mí mismo.
87. Soy mi propia roca emocionalmente.
88. Soy un guerrero y un soldado cuando se trata de proteger mi salud mental.
89. No tengo miedo de mi futuro.
90. Estoy tan enamorado de esta vida.
91. Soy completamente valiente cuando descubro mi verdadero yo.
92. Soy un regalo para el mundo.
93. Hoy cultivo un centro fuerte que guía mis decisiones, mis acciones y mis reacciones.
94. No estoy oprimido. No hay montaña que no pueda escalar.
95. Me gusta lo lejos que he llegado emocionalmente. Soy una inspiración para los demás.
96. Tomo la decisión de aprender lo que puedo de situaciones desafortunadas, dejarlas en el pasado y seguir adelante sin ellas.
97. Me amo a mí mismo completamente.
98. Me quiero y apruebo a mí mismo.
99. Soy valiente y agradecido por haberlo aprendido.
100. Me rodean las vibraciones positivas y permito que los viajes me levanten el ánimo.

101. Elijo estar relajado y feliz.
102. Hoy me siento a meditar. Exploro mis sentimientos y aprendo a apreciarme a mí mismo.
103. No me estresaré por cosas que no puedo controlar.
104. Me detengo y reflexiono antes de reaccionar.
105. Soy superior a los pensamientos negativos.
106. Suelto todas las preocupaciones que agotan mi energía y me siento ligero como una pluma.
107. Acepto todas las experiencias.
108. Cada día me vuelvo más tranquilo, positivo y cariñoso.
109. Mi felicidad es contagiosa.
110. Me demuestro a mí mismo que esa felicidad diaria viene de adentro en lugar de depender de posesiones materiales o de la aprobación de otros.
111. Estoy centrado, en paz y con los pies en la tierra.
112. Siempre estoy rodeado de seres queridos que me apoyan.
113. Hoy es un buen día.
114. Estoy contento y en paz.
115. Los pensamientos negativos no son lo mío.
116. Invito a la paz en todas mis interacciones con los demás.
117. Estoy permitiendo que este momento pase pacíficamente.
118. Soy feliz aquí y ahora.
119. Estoy agradecido por este momento.
120. Estoy completo, no tengo nada que probar.
121. No estoy solo.
122. Soy gentil con mis palabras y mis pensamientos.
123. Observo mis emociones con calma y desapego.
124. No juzgo mis propios pensamientos.
125. Me perdono por los errores del pasado.
126. Estoy vivo en este momento.
127. Mi corazón está lleno de alegría.
128. Mi mente está tranquila.
129. Elijo estar calmado.
130. Estoy aquí ahora.

131. Dejo que mi alma brille.
132. Descarto todas las expectativas.
133. Estoy en paz en mi lugar.
134. Encuentro alegría en la calma.
135. Estoy tranquilo y contento.
136. Hoy es un día fresco y nuevo.
137. Estoy a cargo de cómo me siento.
138. Hoy tengo el control de mis emociones y sentimientos.
139. Irradio calidez y amabilidad.
140. Soy pura luz de sol.
141. Me concentro en lo que puedo controlar y dejo ir lo que no puedo.
142. Me encanta mi hermosa mente.
143. Tener días malos está permitido.
144. Soy un sobreviviente y eso me hace sentir orgulloso de mí mismo.
145. Tengo una risa hermosa.
146. Mantengo la calma en situaciones frustrantes.
147. Invierto en mí mismo a través de pequeños y grandes actos de autocuidado y amor propio.
148. Soy valiente para soportar días emocionales como el de hoy.
149. La vida es dura a veces, pero yo también.
150. Mi sonrisa hace sonreír a los demás.
151. Elijo el amor por encima de otras emociones.
152. Mi fuerza interior no tiene límites.
153. Soy paciente y amable conmigo mismo.
154. Estoy deseando volver a sentirme mejor con respecto a las cosas.
155. Estoy orgulloso de la persona que soy hoy, y de la persona que seré mañana.
156. Tengo el control de mis emociones.
157. Inhalo energía y amor, exhalo negatividad y duda.
158. La vida es dura a veces, pero yo también.
159. Mañana es más que otro día; es otra oportunidad para brillar.

160. ¡Soy lo máximo siendo yo!
161. Atraigo el amor que desea mi corazón.
162. Cuido mi salud mental porque se merece mi amor.
163. Mis días malos y mis momentos infelices siempre pasarán.
164. Confío en mi capacidad para liberarme.
165. Traigo alegría al mundo.
166. Elijo mi tranquilidad.
167. No estoy avergonzado ni solo por tener problemas de salud mental.
168. Puedo ver el final de este tiempo emocional y me avanzo hacia este con cada respiración que tomo.
169. Estoy atrayendo la bondad de los demás.
170. Mis abrazos están llenos de amor y calidez.
171. Mantengo la calma cuando el caos me rodea.
172. Mi salud mental es tan importante como mi salud física.
173. Me tomo el tiempo para conocer mejor mis necesidades, límites y fronteras.
174. Estoy atrayendo a personas que me tratan bien.
175. El amor es en lo que más creo.
176. Estoy manifestando amor y felicidad desde dentro.
177. La buena salud mental es un viaje, no un destino.
178. Me quiero más que nunca en días difíciles como éste.
179. Estoy tomando decisiones responsables.
180. Suelo sembrar semillas de paz dondequiera que voy.
181. Inspiro a otros a ser felices cuando me permito ser feliz.
182. Abro mi corazón a la curación.
183. Inhalo paz y exhalo disfunción.
184. Cada día mi paz crece más.
185. Mis días buenos me preparan para mis días difíciles.
186. Mantengo la calma en situaciones frustrantes.
187. Estoy procesando mi dolor y enojo de manera saludable.
188. Me rodeo de gente que se preocupa por mi bienestar.
189. La vida es dura a veces, pero yo soy más duro.

190. Soy considerado en cuanto a cómo mis decisiones afectan a otros.
191. Mi corazón está lleno de amor por quien soy.

www.ingramcontent.com/pod-product-compliance
Lightning Source LLC
Chambersburg PA
CBHW031109080526
44587CB00011B/888